GEHÖRT WERDEN

JÜDISCHE UND MUSLIMISCHE JUNGE ERWACHSENE

IM GESPRÄCH

Gefördert von:

Die Beauftragte der Bundesregierung
für Migration, Flüchtlinge und
Integration

GEHÖRT WERDEN

JÜDISCHE UND MUSLIMISCHE JUNGE ERWACHSENE IM GESPRÄCH

SCHALOM ALEIKUM
Jüdisch-Muslimischer Dialog

ZENTRALRAT DER JUDEN IN DEUTSCHLAND

HENTRICH & HENTRICH

Schalom Aleikum Buchreihe

Band III

Ein Projekt des:

ZENTRALRAT DER JUDEN
IN DEUTSCHLAND

IMPRESSUM

Die Deutsche Nationalbibliothek verzeichnet diese Publikation in der Deutschen Nationalbibliografie; detaillierte Daten sind im Internet über https://portal.dnb.de/ abrufbar.

Geschäftsführer Zentralrat der Juden: Daniel Botmann
Projektleiter „Schalom Aleikum“: Dr. Dmitrij Belkin
Teilnehmerakquise: Chagit Gruemblatt
Interviews: Seda Colak, Revina Kube
Redaktionelle Arbeit: Ines C. Koch, Stephanie Niedenhoff,
unter Mitarbeit von Revina Kube
Fotos: Piero Chiussi, Privatarchive der Autoren
Grafisches Konzept und Gestaltung: Gudrun Hommers
Druck: Westermann Zwickau

Hentrich & Hentrich Verlag Berlin Leipzig
Inh. Dr. Nora Pester
Gerichtsweg 28, 04103 Leipzig
info@hentrichhentrich.de
http://www.hentrichhentrich.de

1. Auflage 2020

Printed in Germany
ISBN 978-3-95565-423-8

INHALTSVERZEICHNIS

Die Beauftragte der Bundesregierung für Migration, Flüchtlinge und Integration Staatsministerin Annette Widmann-Mauz

Grußwort für das Buch „Gehört werden – jüdische und muslimische junge Erwachsene im Gespräch“

Beauftragte der Bundesregierung für Migration, Flüchtlinge und Integration/ Chaperon

Liebe Leserinnen, liebe Leser,

ich freue mich sehr, dass nunmehr der dritte Band der Buchreihe von Schalom Aleikum vorliegt. Das ist ein wichtiges Zeichen für den Zusammenhalt, gerade auch zwischen den Glaubensgemeinschaften.

Wenn Antisemitismus und Muslimfeindlichkeit ihre hässlichen Gesichter zeigen, wenn Menschen andere wegen ihres Glaubens ausgrenzen, erniedrigen oder gar körperlich attackieren – dann müssen wir uns als Gesellschaft mit ganzer Kraft dagegenstellen und uns wehren: mit einem konsequenten Rechtsstaat, mit Prävention und Demokratiearbeit, aber vor allem mit einem starken Gemeinschaftssinn. Denn bei aller gesellschaftlicher und religiöser Verschiedenheit in unserem Land bilden Mitverantwortung, Wertschätzung und Hilfsbereitschaft das Fundament für Einheit in Vielfalt. Es ist diese Einheit, die dem Hass den Nährboden entzieht.

Ich bin Schalom Aleikum und dem Zentralrat der Juden in Deutschland deshalb von Herzen dankbar, dass sie in diesen herausfordernden Zeiten nicht nachlassen und den jüdisch-muslimischen Dialog stärken. Wo verschiedene Erfahrungs-, Lebens- und Glaubenswelten aufeinander treffen, entstehen oft spannende Begegnungen und auch die Erkenntnis, wie viel man doch miteinander gemein hat. Junge muslimische und jüdische Erwachsene teilen mit uns ihre Erfahrungen und ihre Sicht auf unser gemeinsames Land. Sie erzählen offen, berührend und nachdenklich über ihren Alltag, ihre Gefühle und manchmal auch über die Herausforderung, in Deutschland anzukommen, selbst wenn man hier geboren ist.

Diese Stimmen müssen gehört werden – in Politik und Gesellschaft, denn sie erzählen viel über uns und das Land, das Heimat von 83 Millionen Menschen ist. „Wenn man sich näher kennt, kann man sich nicht mehr hassen“, sagt Aaron. Oder Ekrem-Hamza, der auf den Punkt bringt, worauf es beim Gemeinschaftssinn, bei der Einheit in Vielfalt ankommt: „Ich wünsche mir, dass die Leute weniger in Schubladen denken; dass man die Gemeinsamkeiten sieht; dass man den Kindern von Anfang an das Gefühl gibt, dazu zu gehören.“

Anliegen, die in einer freiheitlichen Demokratie keine Wünsche bleiben, sondern für jede und jeden einzelnen Realität sein sollten. Wenn junge Muslime und Juden über ihre Erfahrungen in der Schule oder im Sportverein sprechen, wenn es um den Davidstern oder den Koran geht, dann wird deutlich, dass Wunsch und Wirklichkeit noch viel mehr zusammenwachsen müssen.

Umso mehr beeindruckt mich, wie kämpferisch die jungen Menschen ihren Weg gehen. Halt und Kraft gibt ihnen dabei auch ihr Glaube und die Gewissheit, dass Werte wie Toleranz, Akzeptanz, Dialog und Gemeinschaftssinn, aber auch Mut und Zuversicht die besten Begleiter für ein selbstbestimmtes und erfüllendes Leben sind. Sie ziehen sich wie ein roter Faden durch die Geschichten dieses Buches und geben in ihrer Anschaulichkeit auch Anstoß, das eigene Denken und Handeln danach auszurichten.

Ich danke dem Team von Schalom Aleikum, dem Zentralrat der Juden in Deutschland und den elf Mutmacherinnen und Mutmachern. Sie bereichern den jüdisch-muslimischen Dialog und den Zusammenhalt in unserem Land, das was es heute umso mehr braucht: Gesicht und Stimme. Ich wünsche viel Freude beim Lesen!

Ihre Annette Widmann-Mauz

Grußwort des Präsidenten des Zentralrats der Juden in Deutschland Dr. Josef Schuster

Zum Buch »Gehört werden – Jüdische und muslimische junge Erwachsene im Gespräch«

Zentralrat der Juden in Deutschland/Thomas Lohnes

Liebe Leserinnen, liebe Leser,

in diesem Jahr hat der Zentralrat der Juden in Deutschland sein 70-jähriges Bestehen gefeiert, was wir im September in Berlin mit einem Festakt mit Bundeskanzlerin Dr. Angela Merkel und vielen Gästen aus Politik und Gesellschaft gewürdigt haben. Wir können stolz auf die vergangenen Jahrzehnte zurückblicken. Es hat sich ein vielfältiges und aktives jüdisches Leben in Deutschland entwickelt. Um das Verständnis für das Judentum in der Mehrheitsgesellschaft zu vergrößern hat der Zentralrat einige Projekte für Begegnungen zwischen verschiedenen Gruppen initiiert – immer mit dem Ziel, aktiv über das Judentum zu informieren. Dazu zählt auch das seit 2019 bestehende Dialogprojekt „Schalom Aleikum. Jüdisch-muslimischer Dialog“. Das Vorhaben wurde zum Erfolg.

Es ist kein einfaches Jahr, das hinter uns liegt. Die Corona-Pandemie hat unser gesellschaftliches und alltägliches Leben auf den Kopf stellt. Die mit Covid-19 verbundenen antisemitischen Verschwörungsmythen tragen zu einer weiteren Verbreitung von Judenfeindlichkeit bei. Wir müssen gemeinsam, d.h. als Gesamtgesellschaft, Wege finden, wie wir diese antisemitischen Angriffe, Haltungen und Stimmungen eindämmen können.

Mit den Begegnungsformaten des Projektes „Schalom Aleikum", die wir wegen der Pandemie konsequent auf Digitalformate umgestellt haben, treiben wir den jüdisch-muslimischen Dialog voran und wirken präventiv gegen Antisemitismus. Der jüdisch-muslimische Austausch von Menschen jenseits der Funktionärsebene bleibt ein wichtiges Anliegen für uns.

Aus den erfolgreichen, vertrauensvollen Begegnungen ist eine attraktive Buchreihe entstanden. Im ersten Band „Mutige Entdecker bleiben – jüdische und muslimische Senioren im Gespräch" erzählten uns ältere und erfahrene Mitglieder unserer Gesellschaft aus ihrem Leben. Sie berichteten uns, wie sie als Juden und Muslime ihre Einwanderungsgeschichte erlebt haben. Im zweiten Band „Impulse geben! Jüdische und muslimische Gründer im Gespräch" kamen jüdische und muslimische Selbstständige mit ihrer sehr persönlichen Lebens- und Unternehmensgeschichte zu Wort.

Der dritte Band trägt den Titel „Gehört werden" und lässt jüdische und muslimische Jugendliche sowie junge Erwachsene zu Wort kommen. Sie berichten davon, wie sie ihren Platz in der Gesellschaft suchen und wie sich der Anfang ihres selbständigen Lebens gestaltet. Die komplex verzweigten jüdischen und muslimischen Familiengeschichten spiegeln sich in ihrer Identität wider und fließen in ihre Wahrnehmung von ihrem Leben in Deutschland ein. Die spürbare Sehnsucht nach Akzeptanz, Toleranz und nach einem Gemeinschaftsgefühl macht sich bei ihnen stark bemerkbar. Sie alle suchen noch ihren Weg zu einem gesellschaftlichen Miteinander, haben aber recht klare Vorstellungen von dem, was ihnen wichtig ist. Ihre Religion, ob jüdisch oder muslimisch, spielt dabei eine große Rolle. Sie ist für die jungen Akteurinnen und Akteure Stütze und Orientierung zugleich. Wir als Erwachsene müssen uns fragen, was wir den jungen Menschen in diese Richtung anbieten können. Ihre Suche und gleichzeitig ihr Vertrauen und ihre Offenheit mahnen uns, genau hinzuhören und für sie da zu sein.

Die hier gesammelten Stimmen bieten eine Chance für uns, bisher Ungehörtes wahrzunehmen und von den jungen Leuten zu lernen. Ihre Zukunftsvorstellungen und ihr Blick auf Deutschland sind eine gute Gelegenheit, mit jungen Augen unser gesellschaftliches Umfeld neu zu reflektieren.

Mein persönlicher Wunsch als Präsident des Zentralrats der Juden ist es, dass dieses Buch dazu inspiriert, verschiedene Perspektiven auf das Leben und die Gesellschaft einzunehmen und verschiedene Sichtweisen auszuhalten. Der jüdisch-muslimische Dialog wird von der nächsten Generation weitergetragen und wir möchten sie dabei tatkräftig unterstützen.

Der Beauftragten der Bundesregierung für Migration, Flüchtlinge und Integration, Staatsministerin Annette Widmann-Mauz, danke ich einmal mehr herzlich dafür, dass sie das Projekt „Schalom Aleikum“ fördernd unterstützt.

Ich freue mich, mit Ihnen im Gespräch zu bleiben.

Es grüßt Sie,
Ihr Dr. Josef Schuster
Präsident des Zentralrats
der Juden in Deutschland

Daniel Botmann
Geschäftsführer
Zentralrat der Juden

Dr. Dmitrij Belkin
Projektleiter
»Schalom Aleikum«

In einer Krisenzeit gehört werden! Offene und ehrliche Stimmen jüdischer und muslimischer junger Erwachsener

„In Deutschland zu Hause" lautete das Motto vor einem Jahr, im Dezember 2019, beim Gemeindetag des Zentralrats der Juden, welcher – fast ein Wunder aus heutiger Perspektive – in Anwesenheit von über tausend Gästen und Referenten auf einem engen, kreativ bespielten Raum stattfand.

Es ging bei diesem Treffen, wie so oft beim Zentralrat der Juden, um nichts weniger als um die Zukunft: Um die der Jüdischen Gemeinden, der einzelnen Akteure sowie der jüdischen Gemeinschaft Deutschlands insgesamt.

Der jüdisch-muslimische Dialog spielte beim Gemeindetag eine wichtige Rolle. Gerade die junge Generation der Juden und Muslime stand im Mittelpunkt der Podien zu diesem Themenbereich.

Im Januar 2021 wird das Jubiläum der jüdischen Zuwanderung aus der ehemaligen Sowjetunion nach Deutschland gefeiert, die vor 30 Jahren begann. Auch da stehen die jungen Leute im Mittelpunkt: Die anfänglichen Schwierigkeiten des Ankommens der Großeltern- und Elterngeneration der „russischen Juden" in der Bundesrepublik, die vielfach keine Russen, sondern Ukrainer, Georgier, Moldawier waren, sollten durch die Erfolge ihrer zum Teil in Deutschland geborenen und sozialisierten Kinder und Enkelkinder wiedergutgemacht werden. Diese Nicht-mehr-Kinder stellen mit ihren Biografien, diversen Herkünften und Erfahrungen die Hoffnung für die Jüdischen Gemeinden, aber auch für die deutsche Gesamtgesellschaft dar. Und sie wollen unbedingt innerjüdisch, gesellschaftlich und politisch mitreden!

Die jüdischen jungen Erwachsenen finden für dieses gesellschaftliche Gespräch auf muslimischer Seite junge Deutsche, die ihre dramatischen und schönen (Familien) Geschichten aufweisen. Fast alle Familien haben eine Einwanderungsgeschichte hinter sich, sehr oft aus einer Region, die alles andere als friedlich und harmonisch ist. Die Richtungen des Islam, für welche unsere Protagonisten stehen, sind ebenso unterschiedlich. Auch die jungen Musliminnen und Muslime haben ein ähnliches gesellschaftliches Mitteilungsbedürfnis und zwar in einem mindestens genauso großen Maße wie ihre jüdischen Gegenüber. Die jungen muslimischen Erwachsenen in der Bundesrepublik wollen ebenso mitreden und gehört werden!

Die Gedanken der jungen Akteure des Dialogs, die in diesem Band zusammenkommen, sind aufregend offen, oft ungefiltert direkt, aber stets hoffnungsvoll und auch meistens positiv. Sie wollen vor allem eines: glücklich sein. Der Weg zu diesem schwer und auf mehreren Ebenen definierbaren Glück ist ein langer und kein direkter! Wir haben uns Mühe gegeben, den Sprachduktus der jungen Erwachsenen beizubehalten. Denn so und nur so ist ein ehrliches Gespräch miteinander und mit der Gesellschaft möglich.

Als Dachverband der Juden in Deutschland sind wir uns beim Zentralrat natürlich bewusst, dass die zweite inhaltliche Säule von „Schalom Aleikum", die Prävention des Antisemitismus, für das Verständnis des Milieus der jungen Erwachsenen besonders relevant ist. Wie bei anderen Vorhaben unseres Projekts hoffen wir auch hier auf die Multiplikatorenaktivitäten unserer Teilnehmer. Zugleich wissen wir, dass auch die Muslimfeindlichkeit etwas ist, was unsere muslimischen Partner stark beschäftigt und ihnen zu schaffen macht.

Auch die jungen Leute, die von „Schalom Aleikum" zusammengebracht werden, lassen „Halle", „Hanau", „Hamburg", aber auch „Paris", „Nizza" und „Wien" keinesfalls gleichgültig: Die vergangenen Monate machten diese schönen Städtenamen zu gefährlichen politischen Symbolen.

So, aus dem Geist einer neuen, zum Teil fragilen, Situation in der deutschen Gesellschaft, wurde das hier präsentierte „Schalom Aleikum" Format „Gehört werden!" geboren.

Bildeten bei den ersten zwei Büchern der Projektreihe die Dialogveranstaltungen in Berlin und Osnabrück die Grundlage, wollten wir es diesmal anders handhaben. Wir bildeten als Erstes den Kreis der jungen Erwachsenen, die uns für ein offenes Gespräch sowie für eine Fotosession zur Verfügung standen. Wir komplettierten als Nächstes dieses Buch und wollen es bei einer Jahresveranstaltung des Projekts „Schalom Aleikum" im Dezember 2020 präsentieren, bei welcher einige Protagonistinnen und Protagonisten des Buches mit Politikern und Experten zusammenkommen werden.

Eine sinnvollere Abrundung des produktiven und zugleich dramatischen Jahres 2020 können wir uns nicht vorstellen. Die Corona-Pandemie hat uns keinen Strich durch die Projektrechnungen gemacht. Wir handelten und handeln weiter, die Professionalisierung der digitalen Gesprächsrunden und Kampagnen von „Schalom Aleikum" erreicht immer höhere Dimensionen. Jüdische und muslimische Vertreter der LGBTQ-Community, Journalisten, Sportler, Geistliche und Ärzte kamen in diesem Kalenderjahr zusammen, die Reichweite und Anzahl der Zuschauer wächst erfreulicherweise ständig. Und trotzdem: wir sind uns einig, dass ein direkter Kontakt und die Veranstaltungen in den Gemeinden außerhalb Berlins, die eine Kontaktaufnahme vor Ort ermöglichen, durch nichts zu ersetzen sind. Doch auch in dieser Hinsicht müssen und wollen wir rational und vor allem optimistisch bleiben.

Das dritte Projektjahr steht vor der Tür. Das wird ein Jahr der Veranstaltungen, ein Jahr von kreativen Konzepten, wissenschaftlichen Schlussfolgerungen und neuen Büchern sein. Doch vor allem wird es ein Jahr einer strategischen Überlegung sein. Wie wollen wir eine Nachhaltigkeit in einem Prozess gewährleisten, der eine schier unglaubliche Dynamik aufweist: Dem jüdisch-muslimischen Dialog in Deutschland. Was wollen wir der Gesellschaft und Politik mit auf den Weg geben?

„Schalom Aleikum" steht erfreulicherweise auch im Konzert der Institutionen und Projekte des Zentralrats der Juden keinesfalls allein da.

Durch die Aktivitäten der JSUD, die jüdischen Studierenden eine Plattform bietet, und von „Meet a Jew", einem Projekt, bei dem junge Jüdinnen und Juden die Schulklassen mit klaren und durchdachten Dialogformaten auf Augenhöhe betreten, haben wir bestens funktionierende Plattformen für junge Erwachsene ins Leben gerufen.

Wir wollen allen auch an diesem Band Beteiligten herzlich danken. Die Erstellung eines solchen Buchs bedeutet viel Arbeit – unter den aktuellen Pandemiebedingungen bedeutet sie sehr viel Arbeit und deutlich mehr Kommunikation. Unser Dank gilt weiterhin unserem guten und verlässlichen Partner auf dem Projektweg, dem Verlag Hentrich & Hentrich.

Seda Colak, Oleg Pronitschew

Gemeinschaftsposition und Identitätsbildung bei jüdischen und muslimischen jungen Erwachsenen

1. Jugendliche als Gruppe in ihren jüdischen und muslimischen Gemeinschaften

Junge Menschen spielen selten eine tragende Rolle als Repräsentanten in jüdischen und muslimischen Gemeinschaften. Bei der Gestaltung zukunftsweisender gesellschaftlicher Bereiche nehmen diese jungen Erwachsenen jedoch eine große Rolle ein. Dennoch wird ihre Meinung abgetan oder sogar belächelt. In Bezug auf die Debatten rund um ihre Religionsgemeinschaften sind sie nach wie vor kaum öffentlich hör- oder sichtbar.[1] Es ist die Intention dieses Buches, der jungen Generation in diesen Gemeinschaften Gehör zu verschaffen. Im Vordergrund stehen ihre persönlichen Positionen. In Form von sogenannten Identitätsmolekülen kennzeichnen die Interviewten ihre ganz persönlichen Interessen und Zugehörigkeiten, die sie dann in ihren Interviews genauer beschreiben.[2] Daraus geht hervor, dass sich die Interviewten sehr reflektiert und aktiv mit ihren Identitäten auf Basis von Zugehörigkeiten auseinandersetzen. Um diese Prozesse möglichst unverfälscht wiederzugeben, wurde die Jugendsprache der Befragten so weit wie möglich beibehalten, auch wenn sich durch die Mehrsprachigkeit der jungen Interviewten Anglizismen oder andere sprachliche Besonderheiten immer wieder zeigen. „Gehört werden" ist der Buchtitel.

Um die jungen jüdischen und muslimischen Stimmen einordnen zu können, wird anhand von demographischen Kennzahlen eine Einordnung in die religiösen Gemeinschaften versucht, in denen sich die jungen Erwachsenen bewegen. Außerdem wird ein Blick auf die Diskurse und Debatten geworfen, die in den religiösen Gemeinschaften geführt werden und auch in der Mehrheitsgesellschaft immer wieder an diese Gemeinschaften herangetragen werden. Dadurch wird aufgezeigt, wie diese Debatten das Selbstverständnis der jungen Menschen beeinflussen. Auf einzelne Themen dieser Diskurse gehen wir in den Ausführungen zur Identitätsbildung von jungen Juden und Muslimen genauer ein. Dies kann natürlich nur in einer komprimierten Form erfolgen. Die Termini „Juden" und „Muslime" werden dabei als Oberbegriffe für die gängigsten religiösen und ethnischen Untergruppen dieser Gemeinschaften verwendet. Demgegenüber vermitteln die Perspektiven der jungen Erwachsenen in diesem Buch einen differenzierten und individuellen Einblick in ihre persönliche Realität.

Demographische Situation:

Orientiert am Alter der in diesem Band versammelten Interviewpartner, das zwischen 16 und 25 Jahren liegt, konzentriert sich die nachfolgende Betrachtung auf demographische Daten zu dieser Altersgruppe. Dieses Altersspektrum ist demographisch sowohl unter Juden als auch Muslimen in Deutschland – basierend auf offiziellen Statistiken – im Gesamtvergleich gering vertreten. Die hier versammelten Jüdinnen und Juden sind Mitglieder jüdischer Gemeinden in Deutschland. Ihr demographischer Anteil an der Gesamtmitgliederzahl in den Gemeinden lässt sich anhand der jährlichen Statistik der Zentralwohlfahrtsstelle der Juden in Deutschland verorten. Demnach sind gerade mal 14% der Mitglieder jüdischer Gemeinden zwischen 12 und 30 Jahre alt.[3] Demgegenüber machen die über 70-jährigen fast die Hälfte der Mitglieder aus.[4] In Zahlen: Circa 13.300 der insgesamt 95.000 Gemeindemitglieder in Deutschland sind junge Erwachsene. Die Altersstruktur der jüdischen Bevölkerung außerhalb der im Zentralrat der Juden organisierten jüdischen Gemeinschaften lässt sich hingegen nur schwer bestimmen, da es hierzu keine verlässlichen Daten gibt.[5]

Bei den in diesem Band versammelten Musliminnen und Muslimen ist – im Gegensatz zu den jüdischen Protagonistinnen und Protagonisten – in der Regel keine Zugehörigkeit zu Moscheegemeinden thematisiert worden. Die letzten Daten zur Struktur der insgesamt 2.342 muslimischen und alevitischen Gemeinden in Deutschland stammen aus der Studie „Islamisches Gemeindeleben in Deutschland" der Deutschen Islam Konferenz aus dem Jahr 2012. Diese gibt nur einen groben Überblick über die Altersstruktur der Religionsbediensteten, aber nicht der Gemeindemitglieder.[6] Deshalb wird als Grundlage für die demographische Verortung junger Muslime die heutige Situation in den muslimischen Verbänden außerhalb der Moscheegemeinden betrachtet. Insbesondere seit dem Zuzug von über 1 Million Geflüchteten aus muslimischen Ländern nach Deutschland seit 2014 hat sich die muslimische Gemeinschaft stark verändert.[7] Als Referenz für eine Altersstruktur bei den Muslimen kann nur auf Zahlen aus dem Jahr 2017 zurückgegriffen werden, die einer Erhebung durch den Religionsmonitor der Bertelsmann Stiftung entstammen.[8] Mit einem Durchschnittsalter von 38 Jahren ist demnach die 4,4 bis 4,7 Millionen umfassende Gruppe der deutschen Muslime im gesellschaftlichen Durchschnitt zwar überdurchschnittlich jung.[9] Mit einem Anteil von 16-17% sind die 16-24 jährigen Muslime in ihrer Gruppe dennoch nicht zahlenstark vertreten.[10]

Für die hier zusammengestellten Interviews ist neben einem Blick auf die Demographie der jüdischen und muslimischen Bevölkerung in Deutschland auch deren ethnische Zusammensetzung wichtig. Laut der verfügbaren Statistiken stammt die Hälfte der Vertreterinnen und Vertreter der hiesigen muslimischen Gemeinschaft aus der Türkei, ein Viertel aus dem Nahen Osten sowie Südost-Europa. Ein weiteres Viertel verteilt sich auf Süd-/Südostasien, Zentralasien, die Gemeinschaft unabhängiger Staaten (GUS), Nordafrika, das südliche Afrika, und den Iran.[11] Die muslimische Community ist primär von den Migrationsbewegungen in den Jahren 1953 und 2015 geprägt. Es gab Einwanderungen aus der Türkei (drei der 14 Millionen von den 1955–1973 Eingereisten verblieben in Deutschland), den Warschauer Pakt Staaten (4,6 Millionen kamen zwischen 1953–2015), 10.000 Geflüchtete während des Bosnien-Krieges (1992–1995) und 1,1 Millionen Geflüchtete aus dem Nahen Osten seit 2015.[12] Anzumerken ist, dass sich die genannten Angaben zur Einwanderung auf die registrierten Einreisen beziehen. Der aktuelle Anteil von zugewanderten Muslimen in Deutschland setzt sich entsprechend aus den hier verbliebenen Zugezogenen sowie ihren Folgegenerationen zusammen.[13]

Auch die jüdische Gemeinschaft in Deutschland ist in ihrer über tausendjährigen Geschichte traditionell von Migrationsbewegungen bestimmt.[14] Nachfolgend fokussieren wir uns auf Angaben zur Zeit nach 1945, da sich in diesem Zeitraum die – für unsere Betrachtung zentrale – Neuordnung der jüdischen Gemeinschaft vollzog. Nach der Neugründung jüdischer Gemeinden ab 1945 durch Überlebende der Schoa und Rückkehrer umfasste die jüdische Gemeinschaft in der Bundesrepublik Deutschland bis 1990 etwa 30.000

Menschen.[15] Auf dem Gebiet der Deutschen Demokratischen Republik belief sich die offizielle Zahl der jüdischen Gemeindemitglieder auf 400.[16] Die aktuelle Zahl von rund 95.000 Gemeindemitgliedern verdankt sich einer Einwanderung von circa 220.000 jüdischen Menschen (sog. jüdischen Kontingentflüchtlingen) und ihren Familienmitgliedern seit den 1990er Jahren aus dem Gebiet der ehemaligen Sowjetunion.[17] Die Eingewanderten sowie deren Nachkommen stellen heute einen Großteil der jüdischen Gemeindemitglieder, die durch den Zentralrat der Juden in Deutschland repräsentiert sind.[18] Dementsprechend haben die jüdischen Interviewten in diesem Buch einen osteuropäischen bzw. postsowjetischen Migrationshintergrund.

Soziokulturelle Situation:

Die vielfältigen und intergenerationellen Migrationshintergründe beeinflussen die Situation von jüdischen und muslimischen jungen Erwachsenen in ihren Gemeinschaften sowie in der deutschen Gesamtgesellschaft. So müssen sie sich beispielsweise oft zu Diskursen ihres Fremd-Seins in Deutschland positionieren, gleichwohl sie größtenteils hier geboren und aufgewachsen sind. Die Grundlage für diese Diskurse divergiert hierbei stark nach der jeweiligen Religionsgemeinschaft. In der jüdischen Bevölkerung ist die kollektive Selbstfindung stark durch die Schoa und ihre Folgen geprägt. Seit Generationen wird die Grundsatzfrage verhandelt, inwiefern jüdisches Leben nach dem Massenmord an europäischen Juden im Land der Täter normal sein kann. Insbesondere durch antisemitische Vorkommnisse flammt diese Debatte immer wieder auf. Beispielhaft gehören dazu wiederholte antisemitische Übergriffe, Forderungen nach einem Schlussstrich in dem nationalen Gedenken an die Schoa oder die antisemitische Kritik am Staat Israel, die sowohl latent als auch ausdrücklich geäußert wird.[19] Zu diesen Diskursen tritt noch eine Vielzahl von internen Diskursen, z.B. der Stellenwert von Religiosität oder der eigene Migrationsstatus.[20] Die anhaltende Migration in die hiesige jüdische Gemeinschaft führt zu sich ständig verändernden, internen Diskursen in der jüdischen Gemeinschaft. Diese sind oft abhängig von der Generationszugehörigkeit und dem Migrationszeitpunkt.

Diese Situation tritt in der muslimischen Gemeinschaft noch deutlicher auf und kann nicht eindeutig an einer Generationszugehörigkeit oder dem Zeitpunkt der Migration nach Deutschland festgemacht werden. Als gemeinsame diskursive Klammer wirken Debatten um Muslime und den Islam im Allgemeinen in Deutschland. Darunter fallen z.B.

Themen über die Vereinbarkeit des Islams und der „deutschen Wertegemeinschaft“ oder die Pauschalisierung von Muslimen als religiös Strenggläubige, Extremismus im Zusammenhang mit dem Islam, der Stellenwert religiöser Gebote im Alltag sowie die Verbindung zu zentralen Bezugs- und Herkunftsländern.[21] Adressaten sind alle Generationen der muslimischen Community, da sie von der Gesamtgesellschaft als mehrheitlich homogene Gruppe wahrgenommen werden.[22] Diskurse, in denen sowohl Juden als auch Muslime von der deutschen Gesamtgesellschaft adressiert werden, drehen sich meist um Fragen zu religiösen Praktiken wie Beschneidung oder Schächtung. Nicht zuletzt aufgrund der terroristischen Attentate in Halle (2019) und Hanau (2020) einen beide Gemeinschaften die Debatten um ihre Rollen als Feindbilder von Rechten und Rechtsextremisten.[23] Es fällt auf, dass insbesondere der Antisemitismus unter Muslimen beide Gemeinschaften beschäftigt. Damit verbunden ist auch die Rolle des Nahostkonflikts bei der Begründung antisemitischer Einstellungen.[24]

2. Identitätsbildung bei jüdischen und muslimischen jungen Erwachsenen

Neben der Dimension ihrer religiös-ethnischen Gruppenzugehörigkeit durchlaufen junge Erwachsene altersbedingt eine Phase der Selbstfindung. Nachfolgend versuchen wir, den Prozess dieser Identitätsgestaltung schematisch aufzuzeigen. Ihren Anfang nimmt er in der Entwicklung der persönlichen Identität. Psychologische Untersuchungen zeigen, dass Identitäten flexibel und wandelbar sind und dementsprechend stets neu verhandelt werden.[25] Die Auseinandersetzung und Entwicklung der eigenen Identität ist demnach ein permanenter Prozess. Die Frage nach dem „Wer bin ich?“ stellt sich Menschen besonders in der sogenannten Phase der Adoleszenz, der Übergangsperiode zwischen Kindheit und Erwachsenenalter.[26]

Bei der Suche nach Antworten sind Kategorien wie Herkunft und soziale Zugehörigkeit zentral, denn die Auseinandersetzung mit diesen Identifikationsangeboten, die seitens der eigenen Community wie auch von der Gesamtgesellschaft offeriert werden, ist auch im Kontext gesellschaftlicher Integration von Bedeutung. In diesem Zusammenhang finden Zuordnungen zu Kategorien wie Nation, Kultur, Stadt, Religion, politische Richtung oder auch zu bestimmten Gruppen wie Cliquen, Sport- oder Kulturvereinen statt. Dieser Prozess ist wichtig, denn er bietet Jugendlichen Anschluss an bestehende Kollektive und Möglichkeiten subjektiver Selbstverortung.[27] Er zeigt sich auch in den Zuordnungen, die von den Interviewten in ihren Identitätsmolekülen benannt werden.

Die Beschäftigung mit diesen unterschiedlichen Zugehörigkeitskontexten verläuft jedoch nicht für alle Jugendlichen gleich. Für Menschen, die über familiäre oder persönliche Migrationserfahrungen verfügen und demzufolge mehrere nationale oder kulturelle Bezüge besitzen, kann sich der Ausdruck oder der Wunsch, mehrfachzugehörig zu sein, zu einer Herausforderung entwickeln. In der Gesamtgesellschaft werden insbesondere nationale Zuordnungen nach einer binären Entweder-oder-Logik strukturiert, die auf der Vorstellung eines kulturell sowie religiös einheitlichen Nationalstaats basiert. Mehrfachzugehörigkeiten entziehen sich einer solchen Ordnung und werden entsprechend gesellschaftlich nicht erkannt und folglich auch nicht anerkannt. Demzufolge kann ein Mensch nur einer nationalen Gesellschaft oder Kultur angehören. Somit wird ausgeschlossen, dass sich eine Person zu zwei oder mehreren Nationalkulturen oder Nationalstaaten zugehörig fühlen kann.[28]

Dieser Prozess überträgt sich auf die Komponente der Religion, wenn beispielsweise das Jude- oder Moslem-Sein als Identität außerhalb der deutschen Nationalkultur angesehen wird.

In diesem Zusammenhang ist für Jugendliche mit jüdischem oder muslimischem Hintergrund die Zuordnung zu einem ethnisch und/oder religiös begründeten Jüdisch- bzw. Muslimisch-Sein eine zusätzliche Herausforderung. Denn obwohl die jungen jüdischen und muslimischen Erwachsenen in ihrer Selbstwahrnehmung keinen Wiederspruch in dieser Definition sehen, können Selbstverortungen wie ‚deutsch-jüdisch'/‚deutsch-muslimisch' oder ‚jüdische/muslimische Deutsche' auf Widerstand stoßen. In der Mehrheitsgesellschaft bzw. auch in ihren eigenen Gemeinschaften kann das Jude-/Moslem-Sein im Widerspruch zur deutschen Identität verstanden werden.[29] Die gleichzeitige Zuordnung zu beiden Identifikationsangeboten wird nicht akzeptiert oder eine Anerkennung muss erkämpft werden.

Zusätzlich zu den im Einwanderungsland erlebten Erfahrungen mit Nichtakzeptanz wird die Situation dadurch erschwert, dass zumeist auch ähnliche Erfahrungen in den jeweiligen Herkunftsländern gemacht werden. Die in diesem Buch befragten Jugendlichen bringen immer wieder zum Ausdruck, dass sie bei Besuchen in der vermeintlichen Heimat oftmals die Erfahrung der Entfremdung erleben, die ihnen kommunikativ vermittelt wird. Als Beispiel kann an dieser Stelle der Begriff des „Almanci" genannt werden, der in der

Türkei für nach Deutschland eingewanderte Personen verwendet wird. Der Begriff, der als „Deutschländer“ übersetzt werden kann, vermittelt subtil, dass sie auch in der Türkei nicht oder nicht mehr ganz dazugehören, sie also mit der Migration ihre Vorzugsmitgliedschaft im „heimischen Lager“ verspielt haben.[30]

Zusammenfassend kann festgestellt werden, dass Jugendliche sehr oft eine Diskrepanz zwischen ihrer Wahrnehmung des eigenen Selbst und der Wahrnehmung von außen, also des Fremden erleben. Die Fremdwahrnehmung geht dabei zumeist mit subjektiven Bildern des Gegenübers einher und ist daher selten neutral und mit pauschalen Negativ- als auch Positivzuschreibungen verbunden. Diese Vorstellungen und Bilder werden meist von der Gesellschaft konstruiert und prägen das verallgemeinernde und pauschalisierende Denken über die Anderen.[31] Ein zentraler Aspekt ist gleichfalls, dass sich die Auseinandersetzung mit den Zuordnungsprozessen je nach der eigenen Gemeinschaft unterscheidet. Wir hoffen, dass in den Beiträgen dieses Bandes ersichtlich wird, wie sich diese Prozesse der Identitätsbildung bei jüdischen und muslimischen jungen Erwachsenen gestalten.

Autoren: Oleg Pronitschew, Sozialwissenschaftlicher Mitarbeiter im Projekt „Schalom Aleikum“ und verantwortlich für Teil 1; **Seda Colak**, wissenschaftliche Mitarbeiterin für Bildung im Projekt „Schalom Aleikum“ und verantwortlich für Teil 2.

Endnoten

1 Davon zeugen allein schon die in den letzten Jahren gegründeten jüdischen Verbände und Projekte, zu deren Grundsatzprogramm es gehört, junges jüdisches Leben für die Gesamtgesellschaft sichtbar zu machen; darunter hervorzuheben sind insbesondere das Begegnungsprogramm des Zentralrats der Juden in Deutschland „Meet a Jew“ und die 2017 gegründete Vertretung jüdischer Studenten sowie junger Erwachsener, die Jüdische Studierendenunion Deutschland (JSUD). Bei muslimischen Jugendlichen finden gleichfalls seit längerem Gründungen von Jugendverbänden statt, so z.B. des Muslimischen Jugendwerkes e.V. Generelle Ausführungen zur Sichtbarkeit des jüdischen Lebens in Deutschland findet man bei Wohl von Haselberg, Lea: Jüdische Sichtbarkeit und Diversität. In: Aus Politik und Zeitgeschichte 26–27. Bundeszentrale für politische Bildung, 2020, S. 8–13.

2 Dabei handelt es sich um eine Methode zur Erfassung und Reflektion eigener Zugehörigkeiten, die vor allem in der schulischen und außerschulischen Bildungsarbeit genutzt wird. Siehe Liebscher, Doris/Fritzsche, Heike: Antidiskriminierungspädagogik. Konzept und Methoden für die Bildungsarbeit mit Jugendlichen. Wiesbaden 2010, S. 238.

3 Zentralwohlfahrtsstelle der Juden in Deutschland e.V. (ZWST): Mitgliederstatistik der jüdischen Gemeinden und Landesverbände in Deutschland für das Jahr 2019. Frankfurt am Main 2020, S. 7.

4 Siehe ebd.

5 Dies hängt mitunter stark mit den Bestimmungsgrößen zusammen, anhand derer man die jüdische Bevölkerung fasst. Siehe beispielhaft Mendel, Meron: Jüdische Jugendliche in Deutschland. Eine biographisch-narrative Analyse zur Identitätsfindung. Frankfurt am Main 2010, S. 55.

6 Halm, Dirk/Sauer, Martina/Schmidt, Jana/Stichs, Anja: Islamisches Gemeindeleben in Deutschland. Forschungsbericht 13. Bundesamt für Migration und Flüchtlinge. Nürnberg 2012, S. 97.

7 El-Menouar, Yasemin: Factsheet Einwanderungsland Deutschland. Religionsmonitor Einwanderung und Vielfalt. Gütersloh 2016, S. 3.

8 Halm, Dirk/Sauer, Martina: Muslime in Europa. Integriert, aber nicht akzeptiert? Gütersloh 2017. Im Vergleich dazu betrug das Durchschnittsalter der Gesamtbevölkerung Deutschlands zum Zeitpunkt der Erhebung im Jahr 2017 50,6 Jahre.

9 Ebd., S. 16.

10 Haug, Sonja/Müssig, Stephanie/Stichs, Anja: Muslimisches Leben in Deutschland. Bundesamt für Migration und Flüchtlinge (Hg.). Nürnberg 2009, S. 104. Die Altersstruktur in der Folgestudie aus dem Jahr 2015 ist mit 12% etwas geringer, jedoch ist bei dieser auch die Stichprobe ungenauer ausgefallen und befragte Teilmenge nicht repräsentativ. Vgl. Volker, Marieke: Methodenbericht: Muslimisches Leben in Deutschland 2016 (2017), S. 15.

11 Stichs, Anja: Wie viele Muslime leben in Deutschland? Eine Hochrechnung über die Anzahl der Muslime in Deutschland zum Stand 31. Dezember 2015. Im Auftrag der Deutschen Islam Konferenz. Bundesamt für Migration und Flüchtlinge (Hg.). Nürnberg 2016, S. 29.

12 Vgl. El-Menouar 2016, S. 3. Zu Warschauer Pakt Staaten siehe Schneider, Gerd/Toyka-Seid, Christiane: Das junge Politik-Lexikon von www.hanisauland.de. Bundeszentrale für politische Bildung. Bonn 2020.

13 Vgl. El-Menouar 2016, S. 3. Zum absoluten Anteil der Muslime mit Migrationshintergrund an der muslimischen Bevölkerung in Deutschland bestehen aktuell keine repräsentativen Daten.

14 Vgl. Brechenmacher, Thomas/Szulc, Michał: Neuere deutsch-jüdische Geschichte. Konzepte – Narrative – Methoden. Stuttgart 2017, S. 23.

15 Brenner, Michael: Die jüdische Gemeinschaft in Deutschland nach 1945. In: Aus Politik und Zeitgeschichte, 50. Frankfurt am Main 2007, S. 14.

16 Apelt, Andreas H./Maria Hufenreuter (Herausgeber): Antisemitismus in der DDR und die Folgen. Halle (Saale) 2016.

17 Migrationsbericht der Bundesregierung 2018. Berlin 2020, S. 96.

18 Generationsübergreifend ist der Migrationsanteil an der jüdischen Bevölkerung in Deutschland noch dominanter vgl. Brechenmacher/Szulc 2017, S. 23.

19 Tauchert, Stephanie: Jüdische Identitäten in Deutschland. Das Selbstverständnis von Juden in der Bundesrepublik und der DDR 1950 bis 2000, Berlin 2007.

20 Einen exemplarischen Einblick in dahingehende Diskurse innerhalb der jungen jüdischen Generation findet man bei Ranan, David: Die Schatten der Vergangenheit sind noch lang. Junge Juden über ihr Leben in Deutschland. Berlin 2014.

21 Foroutan, Naika: Muslimbilder in Deutschland. Wahrnehmungen und Ausgrenzungen in der Integrationsdebatte. Bonn 2012.

22 Sachverständigenrat deutscher Stiftungen für Integration und Migration: Muslime in der Mehrheitsgesellschaft: Medienbild und Alltagserfahrungen in Deutschland. Berlin 2013.

23 Zick, Andreas/Küpper, Beate: Rechtsextreme und menschenfeindliche Einstellungen. In: Virchow, Fabian/Langebach, Martin/Häusler, Alexander: Handbuch Rechtsextremismus. Wiesbaden 2017, S. 83-113.

24 Küntzel, Matthias: Islamischer Antisemitismus. In: Bildungszentrale für politische Bildung. Dossier Antisemitismus. Online unter: https://www.bpb.de/politik/extremismus/antisemitismus/307771/islamischer-antisemitismus (Stand: 10.11.2020).

25 Die Untersuchungen der beiden Psychologen Wendy DelVecchio und Brent Roberts zeigen auf, dass die Identität von Menschen nicht wie oft angenommen statischen Charakters ist, sondern flexibel und somit wandelbar. Studie zu finden bei Roberts, B.W. / DelVecchio, W.F.: The rank-order consistency of personality traits form childhood to old age: A quantitative review of longitudinal studies. Psychological Bulletin, 126. 2000, S. 3–25.

26 Erikson, Erik: Identität und Lebenszyklus. Frankfurt 1973.

27 Riegel, Christine/Geisen, Thomas: Jugend, Zugehörigkeit und Migration. Wiesbaden 2007.

28 Hein, Kerstin: Hybride Identitäten. Bielefeld 2006.

29 Dieser Bereich ist in jüdischen Kontexten ein gesonderter Forschungsbereich: Mathias Berek/ Ludewig, Anna-Dorothea: Symbiose oder Holocaust – Zwischenstand einer schwelenden Debatte. MEDAON 11|2012. Online unter: http://www.medaon.de/pdf/MEDAON_11_Berek_Ludewig.pdf (Stand: 10.11.2020).

30 Uslucan, Haci Halil: Wie fremd sind uns „die Türken?“ In: Aus Politik und Zeitgeschichte. Oktober 2011.

31 Chernivsky, Marina: Identität(en) und Identitätspolitik. In: Jüdische Lebenswelten in Deutschland heute. 2015.

KAROLINA BECKER UND JASMIN ZEITUN:

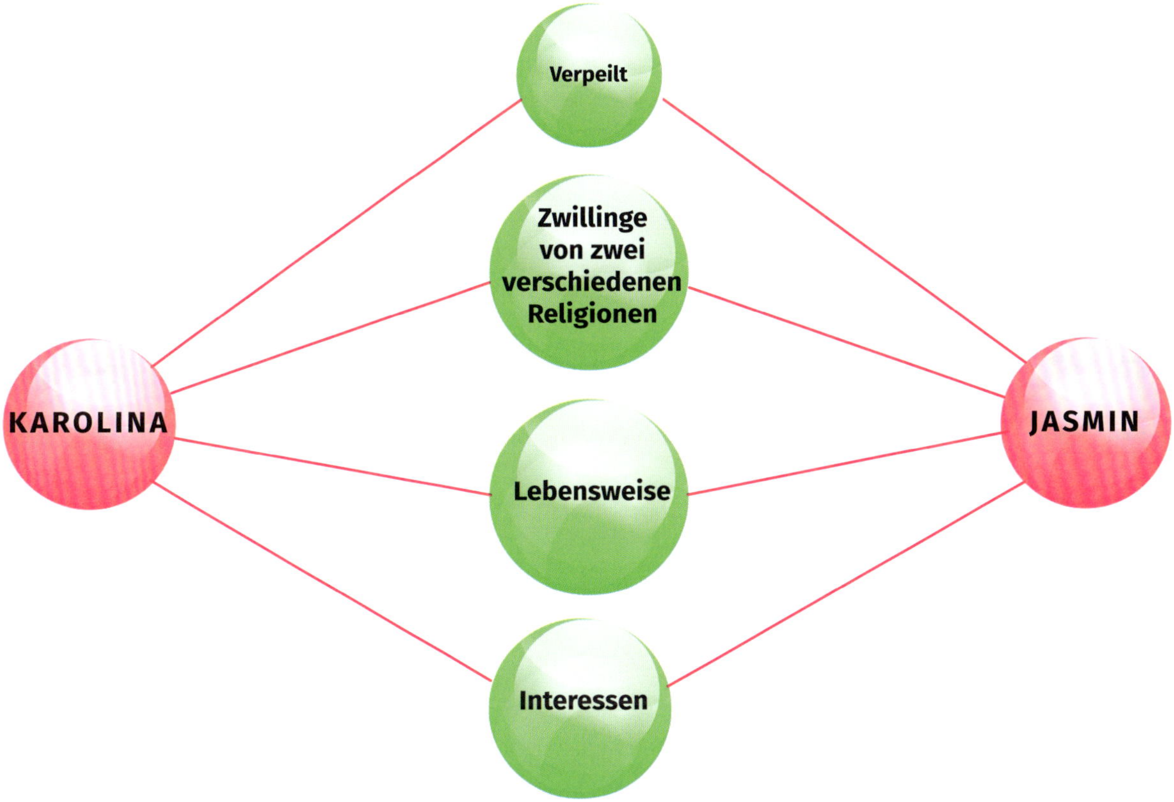

Könnt ihr euch kurz vorstellen?

Jasmin: Ich bin Jasmin, 20 Jahre alt und muslimisch. Derzeit mache ich eine Ausbildung an der Berufsbildenden Schule in Osnabrück-Haste. Durch viele Projekte meiner Mutter bin ich in die Jugendarbeit hineingerutscht und mit der jüdischen Gemeinde in Berührung gekommen. Dort bin ich Karolina begegnet. Geboren wurde ich in Syrien, aber eher aus Versehen, denn ich bin drei Wochen zu früh auf die Welt gekommen. Aufgewachsen bin ich dann in Deutschland und fühle mich in beiden Kulturen zu Hause. Das ist ja dieses Dilemma, in dem ich manchmal stecke. Man fühlt sich dort nicht zu hundert Prozent und hier nicht zu hundert Prozent dazugehörig.

Karolina: Ich bin Karolina, jüdisch, 18 Jahre alt und gerade in der 13. Klasse. Ich mache – mit Gottes Hilfe – nächstes Jahr mein Abitur. Ich bin in der Jüdischen Gemeinde aktiv. Dort haben wir einige Projekte, die wir auch zusammen mit muslimischen Jugendlichen machen. Ich engagiere mich politisch in verschiedenen Projekten, immer für die jüdische Jugend und auch fast immer mit dem Thema des interreligiösen Dialogs. Bei einem der Projekte habe ich Jasmin vor fünf Jahren kennen gelernt.

Wie bist du in Deutschland aufgewachsen?

Karolina: Als meine Eltern aus der Ukraine gekommen sind, haben sie nach einem Ort in der Nähe einer jüdischen Gemeinde gesucht. In der damaligen Sowjetunion war es schwer, das Judentum auszuleben. In der Jüdischen Gemeinde in Osnabrück bin ich von klein auf gewesen. Ich gehe dort jeden Freitag und Samstag zum Gebet oder ich bin einfach so dort. Die Gemeinde ist ein Ort, wo man seine Familie und seine Freunde trifft, zusammen Feiertage feiert und Gebete abhält. Es ist einfach ein Rückzugsort und wie ein zweites Zuhause. Seit Januar leite ich das Jugendzentrum. Jasmin und ich engagieren uns beide bei dem Verein „Judentum begreifen"[1].

Was bedeutet das ganz persönlich für dich, Jüdin, bzw. jüdisch zu sein?

Karolina: Für mich bedeutet jüdisch sein, dass ich das nicht nur am Samstag bin, also am Schabbat. Ich integriere die jüdischen Riten in meinen Alltag. Wenn ich morgens aufstehe, sage ich ein Gebet und sage danke, dass ich aufgewacht bin. Wenn ich mich anziehe, dann ziehe ich mich nach den Vorschriften an. Wenn ich esse, dann esse ich nach den Vorschriften. Die Religion und die Tradition sind ein Teil meiner Identität und ein wichtiger Teil von mir. Bei jeder Entscheidung frage ich mich: „Ist das die richtige Entscheidung? Ist das so, wie es nach der Thora[2] und nach unseren Weisen richtig ist?" Das soll nicht heißen, dass ich mein Leben davon kontrollieren lasse, sondern dass ich es einfließen lasse. Ich möchte, dass das ein Teil von mir ist. Deswegen versuche ich, jeden Aspekt des Judentums zu integrieren. Ich versuche, von mir aus ein besserer Mensch zu werden und die jüdische Tradition zeigt mir, wie sich ein guter Mensch verhält.

Wie ist das bei dir mit der Zugehörigkeit?

Karolina: Das ist eine relativ schwierige Frage für mich, weil ich nicht in der Ukraine geboren wurde und kein Ukrainisch spreche. Wenn man mich im Ausland fragt, woher ich komme, dann sage ich: Ich komme aus Deutschland. Aber ich würde nicht sagen, dass ich Deutsche bin. Meistens sage ich, dass ich eine Jüdin

1 www.judentumbegreifen.org

2 Thora, d.h. die fünf Bücher Mose und die spätere mündliche Tradition

bin, die in Deutschland lebt. Ich bin in Deutschland geboren und aufgewachsen. Deshalb ist Deutschland auch ein Teil von mir. In der Freizeit engagiere ich mich bei vielen verschiedenen jüdischen Organisationen in Deutschland, zum Beispiel bei Makkabi Deutschland[3] im Jugendvorstand. Dann bin ich auch im Begegnungsprojekt „Meet a Jew" vom Zentralrat der Juden aktiv.

Wieso ist aus deiner Sicht der Dialog zwischen den Religionen wichtig?

Karolina: Der Dialog ist wichtig, weil wir oft über Menschen oder Gruppen sprechen, von denen wir keine Ahnung haben. Wir haben unser Wissen aus den Erzählungen anderer oder aus den Nachrichten. Aber wir kennen nicht immer die genauen Fakten. Oft sind es ja auch pauschalisierte Fakten oder sogar Vorurteile. Wenn man miteinander spricht, dann lernt man sich besser kennen und hat eine persönliche Beziehung zueinander. Ich sage auch immer, es gibt eigentlich keine dummen Fragen zum Judentum. Lieber ist es mir, wenn man mir Fragen stellt, anstatt eine Annahme zu treffen, die vielleicht nicht wahr ist.

Bei unserem Projekt geht es um jüdisch-muslimischen Dialog. Wie ist dein Blick auf das gesellschaftliche Zusammenleben zwischen Juden und Muslimen in Deutschland?

Karolina: In Osnabrück gibt es viele gemeinsame Anknüpfungspunkte zwischen Juden und Muslimen. Ich kann nur sagen, dass wir uns durch diesen Dialog um einiges besser verstehen. Eine Freundschaft zwischen Juden und Muslimen bedeutet nicht, dass man jeden Tag über seine Religion redet. Sondern wir reden über gemeinsame Interessen. Ich habe den Eindruck, dass wir auf einem guten Weg sind. Meine Vision wäre natürlich, dass wir alle, nicht nur Muslime und Juden, in Deutschland friedlich miteinander leben können, ohne Vorurteile.

Du hast von Gemeinsamkeiten gesprochen, zwischen dem Islam und dem Judentum. An welche Gemeinsamkeiten denkst du?

Karolina: Das Erste, was mir einfällt, sind die Kleidervorschriften. Das ist schon mal ein verbindendes Element. Auch die Speisegesetze sind ein verbindendes Element. Wenn ich sage: „Ich esse koscher" und Jasmin sagt: „Ich esse halal", dann verstehen

3 Makkabi Deutschland ist ein Jüdischer Turn- und Sportverband in der Bundesrepublik Deutschland. Makkabi Deutschland ist Mitglied beim internationalen Dachverband Maccabi World Union.

wir gleich, was gemeint ist. Für uns beide bedeutet die Religion sehr viel und dieses Gefühl teilen wir gemeinsam. Dieses Gefühl erlebe ich öfters mit Menschen muslimischen Glaubens, als mit Menschen anderer Glaubensrichtungen.

Jasmin, kannst du uns etwas zu deiner Ausbildung erzählen?

Jasmin: Ich mache gerade eine Ausbildung zur Sozialassistentin. Ich habe dieses Jahr mein Fachabitur gemacht, im sozialen Bereich. Ich wollte eigentlich dieses Jahr anfangen, auf Lehramt zu studieren. Wegen der Pandemie und einem sehr hohen Andrang auf die Studienfächer habe ich mich entschlossen, erst meine auf 2 Jahre angelegte Ausbildung zu beenden. Danach möchte ich gern Islamische Religionslehre und Englisch auf Lehramt studieren.

Was bedeutet der Glaube und die Religion für dich?

Jasmin: Mein Glaube begleitet mich den ganzen Tag. Ich versuche einfach, nach meinem Glauben, nach den Vorschriften, die ich habe, für die ich mich selbst entschieden habe, wie zum Beispiel das Hidschab[4], zu leben und mich daran zu halten.

Was bedeutet das Hidschab tragen für dich?

Jasmin: Das Hidschāb ist ein Teil von mir. Es ist komisch, aber, wenn man es auszieht, ist es so, als ob etwas fehlt. Ich habe mich vor etwa fünf Jahren entschieden, das zu tragen. Mädchen können selbst entscheiden, ob sie den Hidschab tragen wollen. Für mich gehört das als meine Pflicht dazu. Ich fühle mich mit dem Hidschab auch als ein Vorbild und um zu zeigen: „Okay, der Islam ist nicht so, wie er in den Medienberichten dargestellt wird.“

Was bedeutet es für dich, syrisch und deutsch zu sein?

Jasmin: Das ist super schwierig, weil ich niemals sagen würde, dass ich deutsch bin, ich würde aber auch niemals sagen, dass ich syrisch bin. Wenn ich mit Arabern zusammen bin, dann merke ich, wie ich auffalle, weil mich einige Dinge von ihnen unterscheiden. Wenn ich unter Deutschen bin, dann fühle ich mich auch nicht zu 100% deutsch. Eine Antwort auf die Frage, wohin ich gehöre, fällt mir schwer. Ich habe syrische Wurzeln, ich lebe in Deutschland, hier ist meine Familie.

4 Hidschab (arab.) Kopfbedeckung von Musliminnen

Jasmin Zeitun (li.) und Karolina Becker (re.) sind seit fünf Jahren befreundet.

Kannst du die Unterschiede zwischen Deutschland und Syrien beschreiben und was schätzt du an Deutschland?

Jasmin: Ich spreche definitiv besser Deutsch als Arabisch. Ich lebe hier. Das heißt nicht, dass ich unbedingt hier leben will. Ich bin sehr glücklich, hier zu sein, zum Beispiel wegen der Gesetze, die hier für mich als Frau gelten. Die Regeln, nach denen hier das Leben abläuft und die Demokratie natürlich, das liebe ich und das schätze ich auch. Vom Charakter her falle ich oft auf. Ich bin zum Beispiel sehr laut und lebendig. Ich spreche mit meinem ganzen Körper. Ich bin in mancher Hinsicht etwas anders gestrickt als meine deutschen Freundinnen. Zum Beispiel gehe ich nicht jede Woche in einen Club. Ausgehen, Treffen, Trinkengehen gehört sich für mich nicht. Da fühle ich mich dann immer ein bisschen ausgeschlossen. Mit der arabischen Kultur verbinde ich meine Familie.

Und wie verbringst du deine Freizeit?

Jasmin: Während meine Mutter in der katholischen Landvolkshochschule arbeitet und Seminare für Erwachsene und Jugendliche anbietet, betreue ich dort die Kinder. Das macht mir ganz viel Spaß. Man lernt verschiedene Kinder aus unterschiedlichen Kulturen kennen. Ich habe schon sudanesische, türkische und arabische Kinder kennengelernt. Inzwischen arbeite ich noch ehrenamtlich in der Muslimischen Jugendcommunity Osnabrücker Land e.V. Als Vorsitzende bin ich dort ganz frisch, erst seit einem halben Jahr, aktiv. Inzwischen gibt es einige Jugendliche, auch christliche, im Verein. Wir versuchen, Projekte zu den Themen muslimisch-jüdischer Dialog, Antisemitismus, auch Islamhass anzubieten. Ein Ziel wäre, dass sich darüber auch Freundschaften von muslimischen und jüdischen Jugendlichen bilden. Mein Wunsch wäre es, dass durch unsere ehrenamtliche Arbeit Vorurteile abgebaut werden.

Wie ist dein Blick auf den jüdisch-muslimischen Dialog hier in Deutschland?

Jasmin: Ich bewege mich in einem anderen Kreis als Karolina. Vielleicht bin ich sogar die einzige Muslimin, die eine jüdische Freundin hat, jedenfalls kenne ich keine andere. Da müssen noch viele Vorurteile abgebaut werden. Ich sehe Karolina als meine Freundin, weil wir gemeinsame Interessen haben. Viele haben dieses Denken nicht. Wir müssen dahin kommen, dass auch zu Hause über Gemeinsamkeiten gesprochen wird und vielen die Augen geöffnet werden.

Wie habt ihr euch eigentlich kennen gelernt?

Jasmin: Wir haben uns während eines Projektes „Mein Platz hier" in Osnabrück getroffen. Daraus ist auch ein Buch entstanden, was mich stolz macht. Das haben wir zusammen an den Oberbürgermeister von Osnabrück überreicht, als Repräsentantinnen des Projekts. Das ist circa fünf Jahre her.
Karolina: Wir haben uns immer wieder einmal getroffen und miteinander gesprochen. Ich habe bemerkt, dass ich Jasmin sehr sympathisch finde. Jedes Mal, wenn ich sie gesehen habe, habe ich mich gefreut und habe über die Schule erzählt und was mich aufregt. Und dann wurde irgendwann eine Freundschaft draus.

Was würdet ihr denn sagen, was euch besonders verbindet?

Jasmin: Wir sind einfach vom Charakter ähnlich. Sie ist mein Pendant, das jüdische Pendant.
Karolina: Wir sind wie Zwillinge, nur von zwei verschiedenen Religionen.
Jasmin: Auch unsere Lebensweise ist ähnlich.
Karolina: Unsere Interessen sind auch gleich. Wir beide mögen sehr gern Geschichte und Politik. Man könnte es etwa so zusammenfassen: wir kennen uns aus einem Projekt, gehören zwei verschiedenen Religionen an, aber wir finden es wichtig, dass wir diese Religionen durch unsere Freundschaft miteinander verbinden.

Was schätzt ihr aneinander?

Jasmin: Ich schätze an Karolina sehr, dass sie meine Religion respektiert. Diese Offenheit und der Respekt, den sie mir entgegenbringt, obwohl wir aus zwei verschiedenen Kulturen kommen, ist mir sehr wichtig.
Karolina: Und ich schätze an Jasmin sehr, dass sie ehrlich und offen ist. Wenn ich sie fragen würde: „Findest du das richtig, oder nicht?", dann würde sie mir eine ehrliche Antwort geben. Außerdem geht sie ihrer Religion mit Herzblut nach, das bewundere ich sehr an ihr.

EKREM-HAMZA HUSKIC:

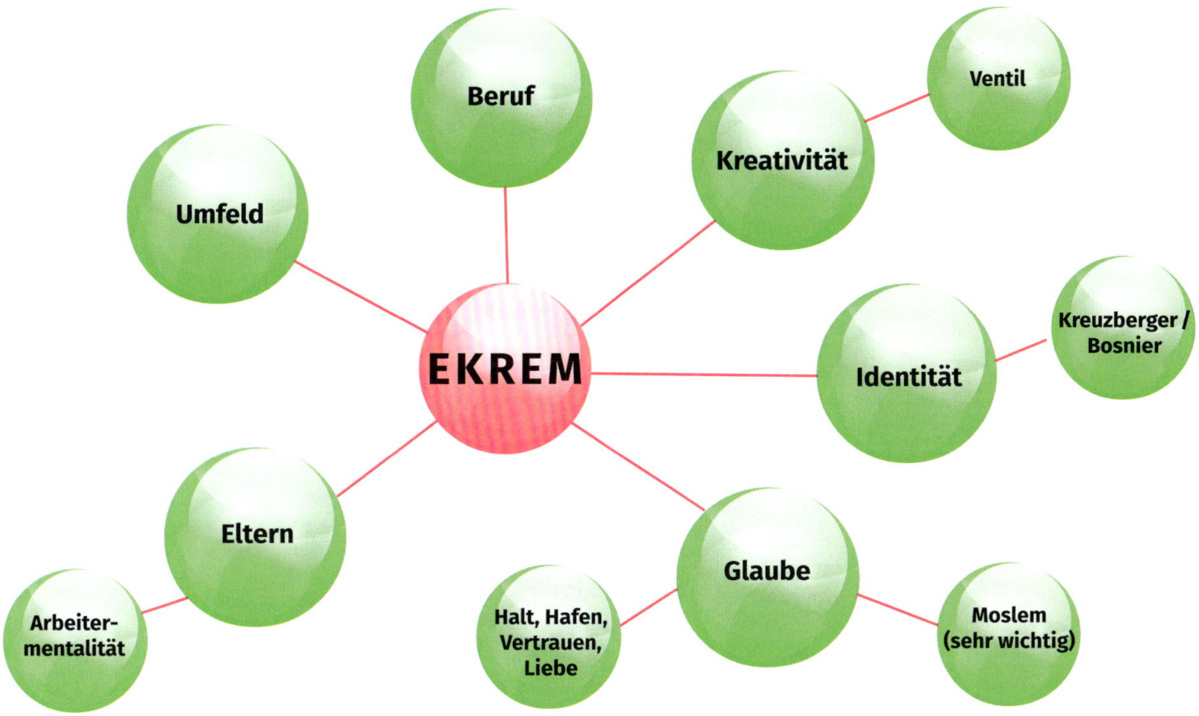

Ekrem, könntest du dich bitte kurz vorstellen?

Ich heiße Ekrem-Hamza Huskic und bin am 14. Juni 1997 in Berlin geboren. Niemand nennt mich eigentlich Ekrem, alle sagen immer Eki. Ich habe einen jüngeren Bruder, der ist 19, und eine jüngere Schwester, die ist zwölf. Mein Vater arbeitet bei Siemens, meine Mama ist Pädagogin. Meine Eltern kommen aus Bosnien. Momentan studiere ich an der Humboldt Universität zu Berlin Englisch und Geschichte auf Lehramt im fünften Semester. Nebenbei arbeite ich, um ein bisschen Taschengeld dazuzuverdienen. Sonst fotografiere und filme ich unheimlich gern. Das ist eigentlich alles, was man über mich wissen muss.

Warum willst du Lehrer werden?

Berufe, wo man mit Menschen arbeitet, finde ich generell schön, denn ich finde, man kann etwas bei den Menschen bewirken, mit denen man arbeitet. Gerade Jugendliche brauchen Lehrer, die ihren Beruf ernst nehmen, weil viele von ihnen kein Vorbild im Leben haben, an dem sie sich orientieren können.

Eigentlich reicht es, wenn man als Lehrer ein Fels ist, der sagt: „Hey, du schaffst das." Ich will primär Schüler der Oberstufe unterrichten, damit ich bei den Schülern gut in Erinnerung bleibe. Es gibt ja meist genau diesen einen Lehrer, den man liebt, weil er einem voll geholfen hat.

Du hast zu Beginn erzählt, dass deine Familie aus Bosnien kommt. Was bedeutet Bosnien für dich?

Ich weiß, wer ich bin und woher ich komme. Ich weiß auch über die Geschichte Bosniens Bescheid und darauf bin ich stolz. So wurde ich erzogen. Ich bin Bosnier. Wir kommen aus einem Gebiet in Bosnien, in dem ein Genozid stattgefunden hat. Wir sind wegen der ethnischen Säuberungen nicht freiwillig von dort weggegangen. Ich finde es wichtig, das in Erinnerung zu behalten, um auch Lehren daraus zu ziehen. Ich glaube auch, dass ein Genozid erst dann vollendet ist, wenn man vergisst. Das will ich nicht.

Würdest du dich als Deutsch-Bosnier bezeichnen?

In erster Linie bin ich ein Mensch. Ich bin Kreuzberger, ich bin Berliner. Berlin ist für mich eine Insel und hat eine ganz eigene Mentalität. Jeder Migrant hat, glaube ich, dieses kleine Dilemma: In Bosnien bin ich Deutscher, in Deutschland bin ich Bosnier. Aber nur hier bin ich Kreuzberger. Nur hier bin ich unter Leuten, die den gleichen Struggle[1] haben. Wir können voneinander lernen und am Ende des Tages hat man dieselben Hoffnungen und Träume, aber auch dieselbe Realität. Wir sind immer auf Identitätssuche, gerade hier unter den Jugendlichen mit Migrationshintergrund. Als Jugendlicher brauchst du eine Zugehörigkeit, du brauchst eine Gruppe. Ich glaube, dass diese Probleme uns auch irgendwie geeint haben.

Früher wurden wir, Migranten und Ausländer, immer angemacht, dass wir doch bitte Deutsch reden sollen: „Wie, ihr redet zu Hause kein Deutsch? Das ist nicht schön. Das gehört sich nicht." Aber wenn Leute herkommen, die nur Spanisch, Französisch oder Englisch können, ist das auf einmal cool. Wenn du aber nur auf Bosnisch, Türkisch oder Arabisch geredet hast, wurdest du komisch angeguckt. Es fühlt sich an, als würde man nicht wertgeschätzt.

Während der Schulzeit wurde mir nie das Gefühl gegeben, dass ich deutsch bin. Ich habe die deutsche Staatsbürgerschaft. Ein Großteil meiner Familie wurde damals abgeschoben. Vor fünf Jahren wurde ich gefragt, ob ich denn nicht Deutscher bin. Das hat mich irritiert. Ich liebe Deutschland und fühle mich mit

1 Struggle (engl.) Mühe, Ringen

Eki hat ein großes Interesse an der Fotografie und findet hier seinen Ausgleich zum Alltag.

dem Land verbunden. Ich bin dankbar für alles und merke auch, dass ich die deutsche Mentalität wie die Pünktlichkeit voll drin habe. Wenn in Bosnien der Bus nicht kommt oder Leute sich verspäten, dann denke ich, dass das so nicht geht.

Ich habe mich immer irgendwie in der Mitte von allem gefühlt. Damit meine ich, dass ich nicht richtig zu den Leuten gehöre, die hier sind, aber auch nicht richtig zu den Leuten in der Heimat. Deswegen sage ich, dass ich eher Berliner bin als Deutscher.

Welche Rolle spielt Religion in deinem Leben?

Ich bin sunnitischer Moslem. Glaube ist mir sehr wichtig. Von meinem

Elternhaus und meinem verstorbenen Opa habe ich gelernt, dass der Glaube eine Art Netz ist, das sich über das ganze Leben spannt und gleichzeitig etwas sehr Individuelles ist. Mir persönlich hat der Glaube in meinem Leben immer unglaublich viel gegeben. Besonders in schweren Situationen, die gab es leider oft genug, hat mich das Beten und die Gewissheit, dass es da etwas gibt, immer irgendwie rausgeholt. Ich habe ein Problem damit, wenn Leute den Glauben instrumentalisieren, um andere zu beschämen. Auf dem Balkan nennen wir das Shame Culture.

Ich finde auch den philosophischen Aspekt voll schön. Zum Beispiel lese ich Rumi[2]. Da gibt es ein Zitat: „Gestern war ich klug und wollte die Welt verändern. Heute bin ich weise und möchte mich verändern." Das gibt meine eigene Ansicht sehr gut wieder. Ich denke, es fängt immer bei einem selbst an. Wenn wir uns gegenseitig auf einer respektvollen Basis begegnen, dann sollte es eigentlich kein Potenzial für Konflikte geben. Glaube heilt und ist für mich auch ein Hafen. Es ist Vertrauen und auch Liebe. Liebe erzeugt ein Gemeinschaftsgefühl und ich sehe den Islam als eine Religion der Liebe an, weil ich es so gelernt habe.

Du hast anfangs erzählt, dass dich Fotografie interessiert. Kannst du uns das erläutern?

Ich habe mit einer Analogkamera von meinem Vater angefangen zu fotografieren. Die ist schon dreißig Jahre alt. Ich habe einfach losgelegt und den Alltag in meiner Umgebung dokumentiert. Ich finde, das hat eine bestimmte Ästhetik, weil es etwas sehr Persönliches ist Es zeigt vielleicht keinen hohen Lifestyle, aber es zeigt unsere Art und Weise zu leben.

Ich komme nicht mit Dingen klar, die mir weichgespült erscheinen. Dieses Dreckige, Toughere, Realistische und Düstere mag ich lieber. Es reizt mich, daraus was Cooles zu machen oder das Schöne darin zu zeigen. Dabei finde ich es cool, eine eigene Ästhetik zu schaffen und eine Schwäche zu einer Stärke zu machen.

Was wünschst du dir für das gesellschaftliche Zusammenleben in Deutschland?

Gefühlt rückt die ganze Welt mehr nach rechts und auf der ganzen Welt scheint der Populismus mehr an Bedeutung zu gewinnen. Ich habe auch das Gefühl, dass die Gesellschaft verroht und immer mehr gespalten wird. Es herrscht immer mehr dieses „Wir-ihr-Gelaber". Ich

2 Rumi (1207–1273), ein persischer Sufi-Mystiker, Gelehrter und einer der bedeutendsten persischsprachigen Dichter des Mittelalters

würde mir wünschen, dass die Leute weniger in Schubladen denken. Dabei rede ich jetzt nicht nur von den Deutschen, sondern auch von den Migranten. Ich wünsche mir, dass man viel mehr die Gemeinsamkeiten sieht, und dass man den Kindern von Anfang an das Gefühl gibt, dazu zu gehören. Ich glaube, es macht ganz viel mit dem Kind oder Jugendlichen.

Hast du auch jüdische Freunde oder Begegnungen mit Juden?

Es ist ganz witzig. Die erste Person jüdischen Glaubens habe ich erst an der Uni kennengelernt. Vorher habe ich nie einen gekannt. Für mich war das eine tolle Erfahrung, denn ich fand es erstaunlich, wie ähnlich sich die Religionen sind. Ich fand es krass, als wir im Schulunterricht das Lied „Shalom Aleichem“ besprochen haben. Darin gab es einen Vers, der ist aus dem Talmud und aus dem Koran: „Wer ein einziges Leben rettet, der rettet die ganze Welt.“

Ich habe mal ein Bild gesehen, welches während des Zweiten Weltkriegs in Bosnien entstanden ist: Eine muslimische Frau verdeckt mit ihrer Burka das Armband mit dem Davidstern einer jüdischen Frau. Über Herrn Travljanin[3] habe ich erfahren, dass die bosnische Familie während des Bosnienkrieges wiederum von der jüdischen Familie gerettet wurde. Sie wurden nach Israel ausgeflogen. Die Geschichte ist für mich stellvertretend dafür, dass ein Miteinander möglich ist. Man muss eigentlich nur zuhören und offen sein. Klar ist es schwer für Leute aus bestimmten Ländern, die einen politischen, konfliktreichen Hintergrund haben. Aber wir sind hier, in Deutschland. Hier sollten wir miteinander klarkommen. Das fängt mit einer offenen Basis an. Ich bin mir sicher, dass man viel mehr Gemeinsamkeiten als Unterschiede finden wird. Es wäre langweilig, wenn alle gleich wären.

Wo siehst du dich in 10 Jahren?

Ich bin mein Leben lang mit Kindern aufgewachsen. Das Haus war nie leer und man war nie allein. Es ist wahrscheinlich mit das Schönste auf der Welt, wenn man so kleine Dinger hat, die aussehen wie man selbst. Ich wäre gern gefestigt im Leben, sprich hätte einen Job, der mir Spaß macht und mich erfüllt. Ich würde gern ein sorgenfreies Leben führen, in dem Sinne, dass ich nicht jeden Monat gucken muss, ob es reicht. Ich habe nicht so viele Anforderungen an meine Zukunft: Abenteuer auf der einen Seite und Sicherheit auf der anderen.

3 Meho Travljanin engagiert sich ehrenamtlich in der Bosnisch-Islamischen Kulturgemeinde in Berlin und Deutschland. Im August 2020 nahm er an einer „Schalom Aleikum“-Veranstaltung teil: „Faith Works – Jüdisch-muslimischer Dialog über Glaube als Beruf“.

MEIRA SCHATZ:

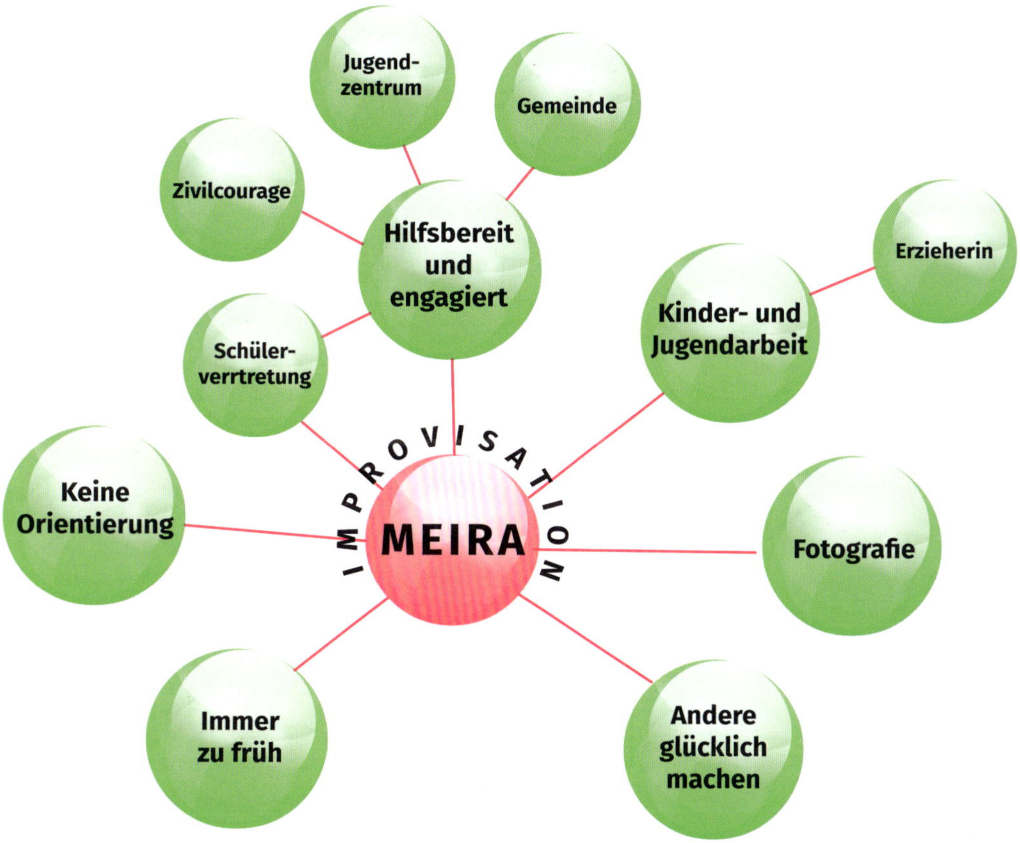

Kannst du dich kurz vorstellen?

Mein Name ist Meira. Ich bin 17 Jahre alt, gebürtige Osnabrückerin und lebe nach wie vor in Osnabrück. Ich gehe jetzt in die zwölfte Klasse. Nach dem Abi möchte ich dann Erzieherin werden. Ich bin ein religiöses jüdisches Mädchen, das vielfältige Interessen an Kinder- und Jugendarbeit und an Fotografie hat. Da ich ein reflektierter Mensch bin, kann ich ehrlich sagen, dass ich sowohl Schwächen als auch Stärken habe. Ich bin sehr meinungsstark, kann mich gut ausdrücken und gut improvisieren. In den Bereichen, wo ich mich öffentlich präsentieren und spontan reagieren muss, arbeite ich sehr viel. Ich mag das auch sehr gern, mich auf die Sprache zu fokussieren und durch Worte eine wichtige Message rüber zu bringen. Da ich sehr gerne organisiere, engagiere ich mich in der Kinder- und Jugendarbeit. Das ist eine Leidenschaft von mir. Ich hatte schon immer Interesse daran, mit Kindern verschiedener Altersgruppen zu arbeiten. Das umfasst Babysitting genauso wie das Organisieren von Seminaren und Sommercamps für die Jugendlichen in unserem jüdischen Jugendzentrum. Ich brenne immer total für Spaß- und Lernprogramme. Kinder sind unsere Zukunft. Mir ist es ein Anliegen, dass man Kinder unterstützt, und dass man ihnen die Möglichkeit gibt, ihre Zukunft so gut wie es geht zu gestalten. Viele Kinder werden darin von zu Hause aus nicht so gut unterstützt. Deswegen investiere ich meine Kraft, jedem Kind individuell die besten Chancen zu eröffnen.

In welchen Projekten bist du aktiv?

Bei verschiedenen Organisationen helfe ich bei Kinder- und Jugendprogrammen mit. Eine der Organisationen heißt JCommunity, das ist ein Programm der Ronald S. Lauder Foundation. Dort trifft man sich mit Jugendlichen bei Sommercamps oder an Wochenenden. Beim Bund traditioneller Juden[1] mache ich auch immer als Betreuerin mit und seit Neuestem bei ZWST[2]. Daneben engagiere ich mich in der „Aufklärungsarbeit" über das Judentum. Für mich ist es dabei immer wichtig, einerseits über das Judentum aufzuklären, aber auch im Allgemeinen gegen Hass und Diskriminierung zu sprechen. In diesem Kontext mache ich zum Beispiel bei „Meet a Jew"[3] oder bei privat organisierten Events mit. Inzwischen melden sich auch immer wieder interessierte Personen bei mir und fragen bei mir wegen Interviews oder Vorträgen an.

Wie kam es, dass du dich entschieden hast, aktiv deinen Glauben, das Judentum zu leben?

Das Judentum prägt meinen Alltag und ist ein ständiger Begleiter für mich. Das Judentum war für mich ein Schatz, den ich sozusagen gefunden habe. Ich bin in einer nichtreligiösen Familie aufgewachsen und hatte sehr lange gar nichts mit dem Judentum am Hut. Meine Eltern kommen beide aus der ehemaligen Sowjetunion. Mein Papa kommt aus Russland und meine Mama aus der Ukraine. Sie sind beide 1995 nach Deutschland gekommen. Sie haben sich hier in Deutschland kennengelernt und relativ früh eine gemeinsame Zukunft aufgebaut. Aber Religion war bei ihnen nie ein Thema. Mir war gar nicht bewusst, dass ich jüdisch bin. Bis meine Eltern wollten, dass ich am Tanzwettbewerb des Zentralrats der Juden „Jewrovision"[4] teilnehme. So bin ich in unser jüdisches Jugend-

Foto rechte Seite: Meira hat eine Leidenschaft für Fotografie.

1 Bund traditioneller Juden in Deutschland e.V. (BtJ), gegründet 2012, vertritt die Stimme der traditionell orientierten jüdischen Gemeinden in Deutschland.

2 Zentralwohlfahrtsstelle der Juden in Deutschland

3 Begegnungsprojekt des Zentralrats der Juden in Deutschland

4 Der größte Musik- und Tanzwettbewerb jüdischer Jugendzentren in Deutschland, der seit 2002 jährlich in deutschen Städten stattfindet.

zentrum gekommen. Es ging einfach nur darum, mich auf eine große Bühne zu bringen. Danach habe ich mich gefragt: „Okay, der Wettbewerb ist jetzt vorbei. Was mache ich jetzt an meinen Sonntagen? Gehe ich jetzt weiter ins Jugendzentrum oder nicht?" Ich mag es nicht, mich auf meiner eigenen Faulheit auszuruhen. Ich zwinge mich immer selbst dazu, über mich hinaus zu wachsen. Deswegen entschied ich mich für das jüdische Jugendzentrum. Irgendwann habe ich gemerkt: „Okay, ich glaube, das Judentum ist das Richtige. Das ist für mich der Sinn des Lebens, die richtige Art und Weise, durch das Leben zu schreiten." Seitdem ist es ein fortlaufender Prozess. Es gibt immer mal wieder Tiefpunkte, aber das Judentum gibt mir sehr viel Kraft. Im Endeffekt weist mir das Judentum in jeder Situation einen Weg, der mich wieder auf die richtige Bahn bringt.

Eigentlich heiße ich Klea. Zu meiner Bat Mitzwa habe ich meinen jüdischen Namen Meira Esther angenommen. Den Namen Meira konnte ich mir tatsächlich selber aussuchen. Es bedeutet Licht. Später hat es sich herausgestellt, dass meine Urururoma auch Meira hieß. Esther wurde mir als Name gegeben, weil ich an einem jüdischen Feiertag, Purim, geboren bin, wo die Heldin des Feiertags Esther ist. Seit Sommer letzten Jahres, also seit 2019, steht es auch so in meinem Ausweis.

Wie ist es für dich, als religiöse Jüdin auf eine Schule zu gehen, wo die meisten nicht jüdisch sind?

Es ist viel normaler, als man erwartet. In meiner eigenen Klasse habe ich letztes Jahr eine „Meet a Jew“[5]-Begegnung organisiert. Die Hälfte der Klasse hat an diesem Tag zum ersten Mal bemerkt, dass ich noch nie eine Hose getragen habe. Das ist ihnen einfach nicht aufgefallen, weil das so normal ist und es spielt überhaupt keine Rolle. Wenn es Überschneidungen von Feiertagen mit Klausuren gibt, dann sind das Probleme, die ich lösen muss. Meine Klasse bekommt davon nichts mit. Im Freundeskreis muss man gucken, wie man sich verabredet, ob und wie man auf Partys gehen kann. Die Lehrer sind alle sehr, sehr tolerant und immer eine große Unterstützung. In Osnabrück haben wir den großen Segen, dass es eine sehr tolerante Stadt ist. Antisemitismus ist hier nahezu gar kein Problem. Wir können uns hier sehr glücklich schätzen.

Wenn du dir dein Identitätsmolekül anschaust, welche anderen Leidenschaften von dir machen dich noch aus?

Ich finde es wichtig, dass ich mich selbst über Tätigkeiten definiere. Ich mag es nicht, einfach nur als das jüdische Mädchen definiert zu werden oder nur als das Mädchen, das gerne mit Kindern arbeitet. Ich bin Meira und Meira besteht aus vielen Facetten. Dazu gehört mein Hobby, die Fotografie. Ich versuche, so oft wie es geht, meine Kamera mitzunehmen und durch den perfekten Winkel und die richtige Beleuchtung, eine Geschichte und eine Message zu erzählen.

Was bedeutet es für dich, deutsch zu sein?

Ich bin da sehr pragmatisch. Deutsch sein bedeutet für mich, eine deutsche Staatsbürgerschaft zu haben und in Deutschland zu leben. Meiner Meinung nach kann Deutsch sein ein Teil der Identität sein, muss es aber nicht. Für mich persönlich ist es kein Teil meiner Identität, weil meine Identität nicht ortsgebunden ist. Ein Zuhause kann für mich überall sein, solange dort die Menschen sind, die ich liebe.

Wie empfindest du das Miteinander zwischen Juden und Muslimen in Deutschland?

Im ersten Moment scheint diese Beziehung eher negativ geprägt zu sein. Es wird oft behauptet, dass es keinen

5 Begegnungsprojekt des Zentralrates der Juden in Deutschland

Dialog zwischen Juden und Muslimen geben kann. Muslime hassen Juden, Juden hassen Muslime. Aber rein praktisch habe ich das nie so erlebt. Im Gegenteil, wenn man eine offene Persönlichkeit vor sich stehen hat, die einer anderen Religion angehört, findet man durch die Religionen so viele Gemeinsamkeiten. Man kann tolle spirituelle Gespräche führen. Dinge, die den Alltag von religiösen Muslimen begleiten, finden sich auch im Judentum wieder. Es gibt mit Sicherheit viele Bereiche, wo es Konflikte im Dialog gibt. Aber genau dafür gibt es solche Projekte wie „Schalom Aleikum", die dem entgegenwirken sollen.

Was meinst du genau damit?

Ich finde persönliches Engagement wie in diesen Projekten „Meet a Jew" und „Schalom Aleikum" wichtig. Es geht darum, einen Dialog auf Augenhöhe zu führen und dass man sich nicht über andere stellt. Wir müssen jeden Menschen mit Würde und Respekt gegenübertreten und klarmachen: „Ich wünsche mir, dass du mich auch respektierst. Lass uns mal plaudern und schauen, was du schon weißt, oder wo du ein Problem hast." Man muss offen dafür sein, die anderen Menschen um sich herum zu bereichern, aber auch bereichert zu werden.

Wo siehst du dich selbst in zehn Jahren?

In zehn Jahren bin ich 27. Ich hoffe sehr, dass ich in zehn Jahren verheiratet sein werde mit der Person, die ich von ganzem Herzen lieben werde und dass wir in zehn Jahren bereits eine Familie gegründet haben. Hoffentlich bin ich bis dahin auch erfolgreiche Erzieherin. Ich versuche, mich nicht allzu sehr in diesen Zukunftsvorstellungen zu verhaken, weil ich einfach offenbleiben möchte. Ich sage auch immer: „Heimat ist für mich kein Ort, sondern eine Beziehung zu einer Person." Das heißt, wenn ich dann heirate, werden wir gemeinsam entscheiden, wo wir wohnen, ob das in Deutschland ist oder woanders. Ich bin gespannt, was die Zukunft mir bieten wird und ich vertraue auch darauf, dass sich alles zum Besten wenden wird.

LINA FAKIH:

Lina, kannst du dich kurz vorstellen?

Mein Name ist Lina und ich bin 22 Jahre alt. Ich bin in Berlin geboren und in einer Großfamilie aufgewachsen. Wir sind acht Personen zu Hause. Meine Familie kommt ursprünglich aus dem Libanon. Meine Eltern sind während des Bürgerkrieges hierher ausgewandert. Vor Kurzem habe ich noch Erziehungswissenschaft und Linguistik in Potsdam studiert, aber nach dem fünften Semester abgebrochen. Das Studium war mir ehrlich gesagt zu trocken. Mir hat dieser pädagogische Input gefehlt. Es war viel mehr auf Bildung und Forschung ausgerichtet. Eigentlich strebe ich den Beruf als Psychotherapeutin an und will lieber ein Psychologiestudium aufnehmen. Es ist total interessant und spannend, in die Tiefe der Seele reinzuschauen und zu wissen: „Okay, der Mensch handelt so und so, weil er das und das erlebt hat."

Nebenbei engagiere ich mich auch sozial und politisch. Ich bin bei Interreligious Peers und mache gerade eine Ausbildung zur Teamerin bei der KIgA[1]. Interreligious Peers ist eine Organisation, die Workshops an

1 KIgA – Kreuzberger Initiative gegen Antisemitismus e.V.

Schulen anbietet und dabei Wissen über die drei Weltreligionen vermittelt, wie auch über Rassismus und Diskriminierung. Es geht darum, Vorurteile abzubauen. Mittlerweile machen wir das auch deutschlandweit, vorher gab es diese Workshops nur in Berlin. Bei der KIgA geht es darum, Muslimfeindlichkeit und Antisemitismus zu bekämpfen, indem wir über Rassismus und Diskriminierung aufklären. Vor Kurzem war ich noch ehrenamtlich bei den Maltesern aktiv. Da habe ich mit geflüchteten Kindern gearbeitet. Die Kinder waren traumatisiert und ich hatte das Gefühl, mit den Kindern zu basteln und ihnen zuzuhören, bringt ihnen unheimlich viel. Als Integrationslotse habe ich auch eine Weile gearbeitet und zusammen mit meiner Cousine eine irakische Familie betreut. Wir haben Amtsgänge erledigt und beim Formulieren von Briefen geholfen. Mit den Kindern haben wir Hausaufgaben gemacht und Ausflüge unternommen.

Hast du denn noch Zeit für Freizeitaktivitäten neben deinem ehrenamtlichen Engagement?

In meiner Freizeit liebe ich es, an verschiedene Orte zu reisen. Ich war auch schon in vielen Ländern unterwegs, in Österreich, der Schweiz, Türkei, Polen und in England. London ist by the way[2] eine meiner Lieblingsstädte. London ist wirklich eine Stadt voller Kultur und Diversität. Obwohl ich Muslima bin, finde ich Großstädte während der Weihnachtszeit besonders schön. Mir gefallen die Lichter und die fröhliche Stimmung. Reisen bedeutet für mich das Entdecken neuer Kulturen, Sprachen und Länder.

Gibt es noch etwas, was dich ausmacht oder dir wichtig ist?

Abgesehen vom Reisen ist Humor sehr wichtig für mich. Es gibt ein arabisches Sprichwort, das heißt: „Humor und Geduld sind die beiden Kamele, mit denen man jede Wüste durchqueren kann." Wenn man eine schwierige Zeit hat, ist es wichtig, noch lachen zu können. Es tut gut zu wissen, dass es noch etwas gibt, was Freude bereitet und was ablenken kann.

Spielt dein Glaube bei deinem sozialen Engagement eine Rolle?

Der Islam beeinflusst definitiv mein Engagement. Im Islam wird vermittelt, dass man Menschen helfen soll, dass man gegen Ungerechtigkeit kämpfen soll, dass man immer herzlich und friedlich sein soll. Egal wie schlecht mich ein Mensch behandelt, ich soll immer noch gut zu einem Menschen sein. Ich denke, ohne meinen religiösen Hintergrund hätte ich so ein

2 By the way (engl.) übrigens

Mindset[3] nicht. Irgendwann wird sich mein Gegenüber fragen: „Warum bleibt sie respektvoll, obwohl ich sie gerade beleidige und diskriminiere?“ Und dann kann es sein, dass er durch meine Reaktion sein eigenes Verhalten hinterfragt.

Es gibt ja unter Muslimen Vorurteile gegenüber Juden. Wie würdest du diesen Vorurteilen begegnen?

Es ist tatsächlich so, dass viele Muslime aufgrund der Geschichte und Politik von Israel einen Hass gegen Juden haben. Es ist mir wichtig, den Menschen auch zu erklären, dass Judentum das eine und Israels Politik das andere ist. Dass man die Politik kritisieren kann, ohne den Staat abzulehnen. Judentum hat genau die gleichen Werte wie der Islam: Immer höflich, nett und respektvoll bleiben. Bei der KIgA und anderen Organisationen gibt es dazu Angebote. Es geht darum, aufzuklären und zu hinterfragen, warum „Jude“ als Schimpfwort verwendet wird und dass das extrem rassistisch und diskriminierend ist.

Was ist deine Motivation, dich bei Begegnungsprojekten einzusetzen?

Meine Motivation ist Menschlichkeit. Ich habe Rassismus und Ablehnung selbst erlebt und bin schon relativ früh damit aufgewachsen. Menschen behandeln mich anders, weil ich einen anderen Glauben oder eine andere Herkunft habe. Schon immer war es für mich extrem wichtig, meine Stimme gegen das Unrecht einzusetzen. Meine Stimme ist keine kleine Stimme. Ich weiß, ich kann damit viel bewirken. Auch wenn es hart und ermüdend ist. Aber zu sehen, dass ich etwas bewirken kann, das erfüllt mich. Ja, das ist für mich die Motivation. Den Menschen zu zeigen: „Okay, ich bin nicht so, wie du denkst. Das Bild, was die Medien dir zeigen, ist nicht das richtige.“ Jeder Mensch hat den gleichen Respekt verdient. Im Endeffekt besteht jeder Mensch aus Fleisch und Blut und will ein friedliches Leben haben.

Wie kann der jüdisch-muslimische Dialog gefördert werden?

Durch den Austausch mit anderen sammele ich Wissen über andere Religionen und kann meine Denkmuster überarbeiten. Es ist mir extrem aufgefallen, dass dieser interreligiöse Dialog viel zu wenig präsent ist. Dabei gibt es richtig viele Organisationen, die sich damit beschäftigen. Ich finde, es sollte noch viel mehr gefördert werden, gerade indem man auch an Schulen geht, diese Projekte vorstellt und Workshops

3 Mindset (engl.) Denkweise

anbietet. Man sollte die Menschen dazu einladen, diesen interreligiösen Dialog zu führen. Gerade in den Schulen finden wir junge Menschen, die die Zukunft der Gesellschaft prägen werden. Je früher man anfängt, mit ihnen offen zu reden, desto besser. Menschen habe Vorurteile, weil es ihnen so von klein auf eingetrichtert wurde. Oft liegt das auch in der Familie selbst. Die Eltern sagen, hänge nicht mit dem und dem ab, der ist so und so. Durch die Workshops an Schulen habe ich bemerkt, dass ich etwas bewirken kann und dass Interesse für den Dialog da ist.

Wie würdest du dich selbst beschreiben? Fühlst du dich als Deutsche?

Ehrlich gesagt stehe ich immer noch in einem Zwiespalt. Dieser Struggle[4] zwischen, ich bin deutsch, aber gleichzeitig ist ein Teil von mir auch libanesisch. Ich weiß, wenn ich außerhalb Berlin-Kreuzbergs unterwegs bin, bin ich keine Deutsche mehr. Ich bin, jedenfalls gefühlt, eine Fremde. Diese Erfahrungen lassen mich meine deutsche Identität hinterfragen: „Okay, ich bin doch nicht so willkommen hier. Ich werde doch nicht so akzeptiert, wie ich dachte." Sobald ich aber im Libanon bin, sehe ich mich als Deutsche. Das ist richtig anstrengend manchmal. Irgendwie versuche ich, trotzdem beides in mir zu vereinen, auch wenn es manchmal extrem schwierig ist. Aber ich weiß, dass ein Teil von mir deutsch ist und ein Teil arabisch. Ich würde mich, glaube ich, im Leben nie für eine Zugehörigkeit entscheiden. Ich denke mir, warum kann man das nicht vereinen. Ich bin auch stolz darauf, weil man den Menschen zeigen kann: „Ich fühle mich nicht nur einer Gruppe zugehörig, ich kann beides sein."

Warum bist du im Libanon die Deutsche? Was ändert sich da?

Dadurch, dass ich in Deutschland geboren und aufgewachsen bin, habe ich eine etwas andere Mentalität als die Menschen im Libanon. Ich fühle mich nicht zu hundert Prozent als Libanesin, sondern spüre auch meinen deutschen Teil. Ich würde diesen deutschen Anteil in mir niemals wegschmeißen. Deutschland ist meine Heimat, aber auch der Libanon ist meine Heimat. Ich bin ja hundert Prozent libanesisch erzogen worden. Meine beiden Eltern sind aus dem Libanon und diese Kultur ist für mich Heimat, gerade, was Essenskultur und Gastfreundschaft angeht. Es ist aber diese Organisation und Struktur in Deutschland, die ich schätze. Im Libanon ist es, ehrlich gesagt, völlig durcheinander und vieles verläuft spontan. Diese Spontaneität habe

4 Struggle (engl.) Mühe, Ringen

ich zum Teil auch, aber ich mag dieses Organisierte an Deutschland. Alles ist kontrolliert und ordentlich.

Wo siehst du dich in zehn Jahren?

In zehn Jahren, wenn mein Psychologiestudium abgeschlossen ist, werde ich hoffentlich den Beruf der Psychotherapeutin ausüben. Wenn es finanziell klappt, dann eröffne ich eine Praxis. Das ist wirklich mein größter Wunsch, so eine Praxis mit einem kleinen Café. Meine Patienten könnten sich dort auch Kaffee und Kuchen nehmen, als wenn man mit Freunden quatschen würde. Verheiratet, vielleicht auch zwei, drei Kinder und auf jeden Fall eine viel bessere Zukunft für die Gesellschaft. Dann sollten antimuslimischer Rassismus und andere Rassismen kein großes Thema mehr sein. Eine Welt, wo Juden, Christen, Muslime, Atheisten und andere friedlich nebeneinander leben können, ohne sich auf der Straße fürchten zu müssen und ohne irgendwelche Kommentare und Blicke – so eine Gesellschaft wünsche ich mir.

JOSEF GERSHENZON:

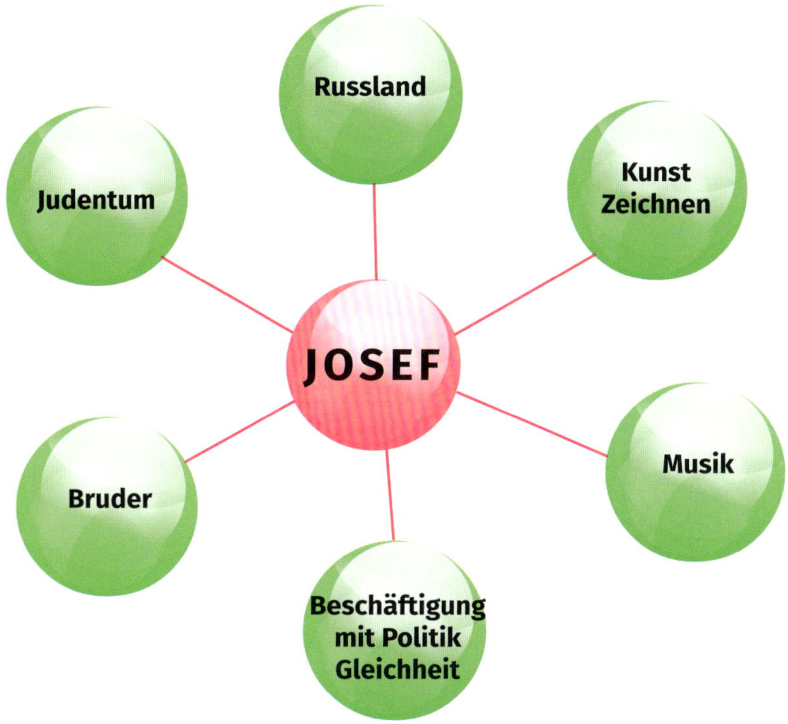

Josef, kannst du dich kurz vorstellen?

Ich bin Josef, 16 Jahre alt, komme aus Moskau und lebe seit fünf Jahren in Berlin. Seit meiner Kindheit beschäftige mich viel mit Kunst, unter anderem mit Malerei und Zeichnung. Nach dem Abitur habe ich vor, Kunst zu studieren. Ich bin jüdischer Herkunft, quasi. Mein Vater ist jüdisch, meine Mutter aber nicht, und deswegen zähle ich nach dem jüdischen Religionsgesetz streng genommen nicht als Jude.[1]

1 Nach der Halacha, dem jüdischen Religionsgesetz, gilt als Jude oder Jüdin, wer von einer jüdischen Mutter geboren wurde.

Wie kam es, dass du nach Deutschland gekommen bist?

Wir sind mit der ganzen Familie umgezogen, aus mehr oder weniger politischen Gründen. Mit politischen Gründen meine ich die allgemeine Lage in Russland, vor allem Putins Regierung und den Mangel an Meinungsfreiheit. Es war einfach schwer, da zu leben, vor allem, wenn man es mit Deutschland vergleicht. Hier kann man frei demonstrieren, ohne Angst um seine Freiheit, um sein Leben, seine Gesundheit zu haben. In Russland ist das nicht der Fall.

Wie war es für dich, in Russland aufzuwachsen?

Ich hatte Schwierigkeiten in der Schule. Teilweise wegen des russischen Schulsystems, was aus meiner Sicht nicht optimal ist, und ich hatte Probleme mit Mobbing. Es gab Konflikte mit meinen Mitschülern und vor allem auch mit den Lehrern. Ich habe auch antisemitische Ausdrücke gehört, nicht unbedingt auf eine beleidigende Weise, aber irgendwie komisch.

Wie war die Anfangszeit für dich in Deutschland und in Berlin?

Eigentlich ganz interessant. Ich habe sehr warme Erinnerungen an diese Zeit. Teilweise spannend, aber auch schwierig, weil ich die Sprache nicht wirklich gut konnte. Das erste halbe Jahr habe ich mich quasi mit Zeichensprache verständigt, teilweise auf Englisch und teilweise auf Deutsch. Wir haben auf unserer Schule[2] relativ viele russischsprachige Menschen, was geholfen hat. Ich habe hier ziemlich schnell Freunde gefunden, und von meinen Mitschülerinnen und Mitschülern wurde ich nicht dafür gemobbt, dass ich ein Ausländer bin.

Siehst du dich eher als Russe oder als Deutscher?

Ich sehe mich nicht als Angehöriger einer Nation. Ich mag diese nationale Identität nicht. Wenn man mir aber die Frage stellt, dann sage ich, dass ich Russe bin, weil ich aus Russland komme und weil ich dem russischen Volk angehöre. Russland spielt immer noch eine riesige Rolle in meinem Leben. Ich habe noch Freunde und Familie dort. Ich fühle mich sehr mit dem Land verbunden. Russland ist immer noch mein Land. Mein Heimatland. Aber ich würde mich selbst niemals als „Ich bin ein Russe“ bezeichnen.

Du hast zu Beginn erzählt, dass dir Kunst wichtig ist. Wie kommt das und welche Form von Kunst?

Ich habe relativ spät angefangen zu zeichnen. Mit zehn Jahren habe ich mich einfach dafür entschieden, dass ich ein Künstler sein will. Ich war sehr fasziniert von Zeichnungen und allgemein von verschiedenen Kunstformen. Zeichnen fiel mir am leichtesten und ich fand es spannend. Ich versuche mich auch an anderen Techniken, wie Digital Painting und Aquarellmalerei. Ich zeichne häufig Menschen und bekomme auch Porträts relativ gut hin. Nach dem Abitur möchte ich am liebsten Bildende Kunst an der UdK[3] studieren. Ich glaube, da würde ich mich auf Grafik spezialisieren oder auf „Neue Medien“.

2 Jüdisches Gymnasium Moses Mendelssohn in Berlin

3 Universität der Künste in Berlin

Josef zeichnet leidenschaftlich gern und möchte Kunst studieren. Hier seine Zeichnung einer Mischung aus Ratte und Mensch.

Wie sieht dein Freundeskreis aus? Wo hängt ihr ab?

Mein Freundeskreis hat wenig mit meiner Schule zu tun. Wir treffen uns und sitzen zusammen im Park oder vor einem Späti[4]. Meistens reden wir, hören Musik, spielen Karten, sowas in der Richtung. Ich habe viele meiner Freunde durch eine politische Diskussionsgruppe kennengelernt, die, glaube ich, nicht mehr existiert. Das war eine mäßig links ausgerichtete Jugendinitiative. Da haben sich die Jungs und Mädchen selbst organisiert, ohne Erwachsene, unter anderem für die Obdachlosenhilfe.

Würdest du dich als politischen Menschen beschreiben?

4 Spätverkaufsstellen in Berlin

Ja, ziemlich. Ich versuche politisch aktiv zu sein, auf Demonstrationen zu gehen und meine Meinung zu äußern. Ich ordne mich politisch eher links ein. Bereits in meiner Kindheit habe ich mitbekommen, dass es in vielen Ländern keine faire oder humane Regierung gibt. Sie kämpfen gegen das eigene Volk. Zum Beispiel in Russland, was mir das Herz bricht und mich dazu motiviert, politisch aktiv zu sein. Ich finde es wichtig, dass sich Menschen mit den Problemen in anderen Ländern auseinandersetzen und Solidarität zeigen, selbst wenn sie persönlich nicht davon betroffen sind.

Was sind deiner Meinung nach in Deutschland die größten Herausforderungen?

Deutschland ist im Vergleich zu anderen Ländern, vor allem auch zu Russland, ein sehr tolerantes Land. Das finde ich super schön. Auch die Integration von verschiedenen Religionen, verschiedenen Nationalitäten, Ethnien ist super. Aber trotzdem gibt es viele Probleme durch Intoleranz, Hass und Egoismus. Das merkt man am Aufstieg der AfD und dem ganzen Hass, der gegen Schwule, Ausländer oder einfach gegen Menschen, die anders sind, verbreitet wird. Auch das Thema Umwelt ist mir wichtig.

Wie könnte man diese Probleme angehen? Wo siehst du da deine Rolle als Einzelner?

Man kann zu Demonstrationen gehen, sich laut äußern und wählen gehen. Was das Konsumverhalten angeht, unterstütze ich voll und ganz die Menschen, die darauf achten, nicht so viel zu konsumieren. Das sollte jeder tun und schauen, dass wir so wenig wie möglich Schaden verursachen. Aber wir können nicht komplett auf Autoverkehr verzichten, weil Teile unserer Gesellschaft und Teile der Industrie und Produktion davon abhängig sind. Auch können es sich nicht alle Menschen leisten, Bio zu essen. Ich denke, dass die Probleme auf der Regierungsebene reguliert werden müssten. Veränderungen können nicht nur von Einzelinitiativen kommen.

Bei unserem Projekt Schalom-Aleikum geht es um jüdisch-muslimischen Dialog. Wie nimmst du diesen Dialog wahr?

Ich weiß nicht viel davon, weil in meinem Freundeskreis wenige bis gar keine Muslime sind. Ich hatte früher muslimische Freunde, aber das ist dann aus privaten Gründen auseinandergegangen. Von dem muslimischen Antisemitismus in Deutschland habe ich nichts mitbekommen.

Ich weiß, dass er existiert. Wenn ich auf Partys oder Treffen mit muslimischen Jugendlichen bin, erzähle ich, dass ich jüdisch bin. Ihre Reaktion ist meistens: „Cool, ich kenne wenige jüdische Menschen." Für die Muslime, die ich kenne, ist meine jüdische Herkunft eher etwas Interessantes und Spannendes. In Deutschland bin ich öfters mit einem T-Shirt mit hebräischer Schrift herumgelaufen und wurde nie darauf angesprochen.

Du hast von deinem jüdischen Hintergrund erzählt. Was bedeutet es für dich, Jude zu sein?

Das hat bei mir mit Tradition zu tun. Es ist ein Teil von meinen besonderen Wurzeln. Ich selbst bin nicht unbedingt religiös oder werde von orthodoxer Seite auch nicht als jüdisch angesehen. Aber ich habe diesen Hintergrund und ich habe die Geschichte meiner Familie und allgemein die Geschichte des jüdischen Volkes, zu dem ich gehöre. Deswegen ist es für mich wichtig.

Wenn du in die Zukunft blickst, was wären deine Wünsche?

Gerade im Moment wünsche ich mir, dass wir einfach am Leben bleiben. Es wäre schon cool, wenn die Menschheit nicht aussterben würde und unsere Welt nicht komplett zur apokalyptischen Wüste werden würde. Na ok, das ist natürlich ziemlich pessimistisch. Und ich wünsche mir mehr Akzeptanz, weniger Konflikte und vor allem weniger nationalistische Tendenzen. Mir ist es wichtig, dass Menschen auf allen Seiten sich mehr als Menschen sehen, statt als Angehörige irgendwelcher Sexualitäten, Ethnien oder Religionen.

Was denkst du, wie können wir diese Ziele erreichen?

Ich glaube, jeder sollte ein bisschen mehr reflektieren, womit er seine Worte und Taten motiviert und was wirklich hinter seinen Entscheidungen steht. Wir sollten mehr darüber nachdenken, ob es sich dabei um irrationale Ängste, Selbstunsicherheit oder Hass handelt. Ich hoffe, dass es mit jedem Jahr weniger rassistische, sexistische oder homophobe Gedanken gibt.

Wo siehst du dich in 10 Jahren?

Ich hoffe, dass ich mein Studium bereits abgeschlossen habe. Ich würde gerne durch die Welt reisen. Ich weiß wirklich noch nicht genau, wo ich da sein werde. Hoffentlich arbeite ich dann als Künstler. Hoffentlich bin ich immer noch politisch aktiv. Ich hoffe auch, dass es Menschen oder ein Publikum gibt, an das ich mich mit meiner Kunst richten kann.

KLARA KARALI:

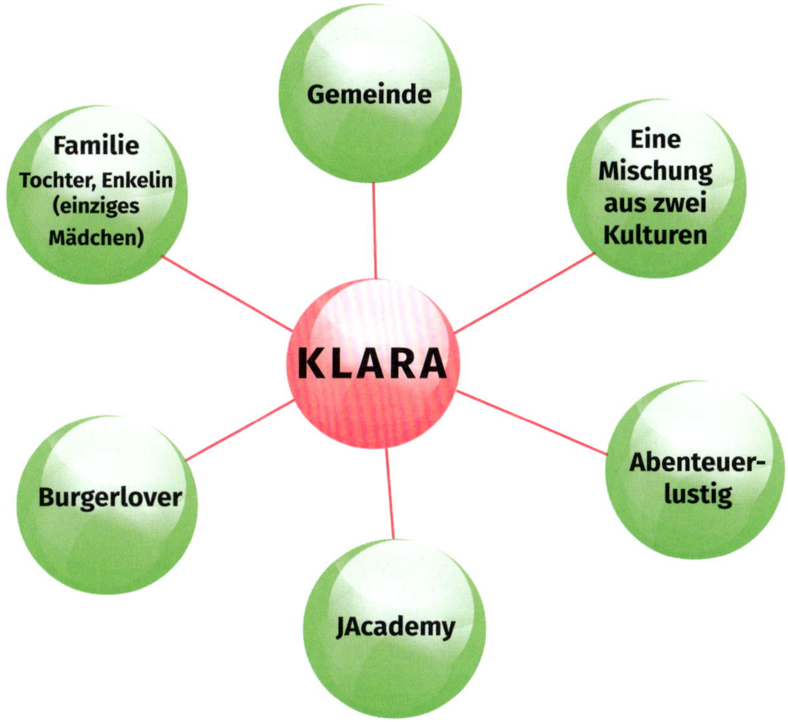

Klara, könntest du uns ein paar Worte zu dir selbst sagen?

Ich heiße Klara und bin 19 Jahre alt. Geboren bin ich in München und dort auch aufgewachsen. Mein Vater ist Moslem und meine Mutter Jüdin. Zunächst bin ich ohne eine religiöse Prägung aufgewachsen. Nachdem sich meine Eltern getrennt haben, bin ich in die jüdische Schiene eingestiegen. Erste Bekanntschaft mit der jüdischen Religion habe ich in einem jüdischen Ferienlager gemacht. Diese Erfahrung hat mich sehr inspiriert. Über das Ferienlager habe ich auch die jüdische Gemeinde in München kennengelernt und bin ins Jugendzentrum gekommen. Seit drei Jahren arbeite ich dort in meiner Freizeit als Betreuerin.

Wie bist du zur Gemeindearbeit gekommen?

Ich war elf und der Opa einer guten Freundin von mir hat zu uns gesagt: „Fahrt doch mal in dieses Ferienlager." Wir sind dann nach Bad Sobernheim zu einem Sommercamp der ZWST[1] gefahren. Wir haben dort jüdische Kinder aus ganz Deutschland kennengelernt und ich habe jetzt jü-

1 Zentralwohlfahrtsstelle der Juden in Deutschland

dische Freunde in Berlin, Frankfurt und jeder kleinen Stadt in Deutschland. Wir haben uns einfach connected[2] gefühlt. Abends haben wir zusammen Lieder gesungen und hatten zusammen Spaß. Aber es gab auch ernste Themen, über die wir gesprochen haben. Wir haben zum Beispiel über den Holocaust geredet – da uns dieses Ereignis alle irgendwie über unsere Urgroßeltern verbindet. Fast jeder hatte eine kleine Geschichte, die man dazu erzählen konnte. Es war wie eine zweite Welt, in die wir zwei Wochen entfliehen konnten. Seitdem arbeite ich als Betreuerin in Ferienlagern der ZWST und auch in der Gemeinde. Bei den Ferienlagern und in der Gemeinde betreuen wir in einem Team Kinder im Alter von ungefähr sechs bis 18 Jahren. Wir machen Spiele mit ihnen, in denen wir auch darüber reden, wie man sich selbst wahrnimmt. Im Jugendzentrum wurde mir vieles über das Judentum vermittelt und das möchte ich den Kindern zurückgeben, zum Beispiel über Israel oder über die Werte im Judentum.

Inzwischen bin ich auch bei „Meet a Jew“[3] tätig. Viele Menschen haben noch nie einen Juden kennengelernt. Ich übernehme als Jüdin die Verantwortung, Nichtjuden eine andere Seite zu zeigen und den Vorurteilen, die es über Juden gibt, entgegenzuwirken. Bei JCommunity[4] habe ich vor Kurzem als Recruiterin angefangen. Bei JAcademy war ich auch dabei. JAcademy ist ein Gap Year[5] für Abiturienten und Studenten. Wir waren in New York mit einem Ausflug nach Washington, in Rom, in Polen und in London. Israel ist leider wegen Corona ausgefallen. Das Programm hat mich sehr geprägt, weil man die ganze Zeit mit jüdischen Leuten aus verschiedenen Ländern zusammen war. Wir haben sehr, sehr viel gelernt, auch über uns selbst. Wir hatten zum Beispiel Girls Classes oder erfuhren etwas zur biblischen Geschichte mit einem coolen Rabbi. Im Talmud[6] steht, dass das Kind die ganze Thora[7] im Bauch der Mutter lernt. Bei der Geburt kriegt das Kind einen kleinen Stoß und vergisst alles.

Was bedeutet es für dich, Jüdin zu sein?

In Deutschland fühle ich mich auf jeden Fall frei. Wenn man zu einer Minderheit gehört und vielleicht die einzige Jüdin ist, die jemand in seinem Leben kennenlernt, möchte ich ein gutes Bild abgeben. Jüdisch sein erfüllt mich sehr. Es macht mich glücklich, andere Juden zu treffen. Eigentlich weiß ich noch nicht genau, was Judentum für mich bedeutet, aber ich fühle mich mit dem Judentum verbunden.

Kannst du noch mal genauer erzählen, woher deine Eltern kommen?

2 Connected (engl.) verbunden

3 Begegnungsprojekt des Zentralrates der Juden in Deutschland

4 Programm für jüdische Schülerinnen und Schüler der 9-12 Klassen aus ganz Deutschland

5 Gap Year (engl.) „Lückenjahr“, bei dem junge Menschen, meist zwischen Abitur und Studium, verreisen und Praktika absolvieren

6 Nach dem Tanach (Bibel) eines der bedeutendsten Schriftwerke und Gesetzeskodex des Judentums. Es besteht aus mehreren Bänden und zwei Hauptelementen: Mischna und Gemarah. Der Talmud zeigt auf, wie Regeln in der Praxis und im Alltag von Rabbinern verstanden und ausgelegt wurden.

7 Thora, d. h. die fünf Bücher Mose und die spätere mündliche Tradition

Meine Mutter ist Anfang der 90er Jahre als Kontingentflüchtling aus der Ukraine gekommen. Mein Vater ist aus dem Irak mit 18 zuerst nach Russland gezogen und hat dort Medizin studiert. Er kann also Russisch – besser als ich – und ist dann nach Deutschland migriert. Das ist eine ganz witzige Geschichte, wie meine Eltern sich kennengelernt haben, und zwar in einem Club in München namens „Schalom", also in einem jüdischen Club. Sie spielten dort israelische und arabische Musik. Die Geschichte meiner Eltern zeigt, dass Muslime und Juden miteinander leben und Kinder kriegen können.

Wie war das für dich, mit zwei oder mehr Religionen aufzuwachsen?

Ich habe gemerkt, dass sich vieles im Judentum und im Islam überschneidet. Ich habe letztes Jahr eine biblische Geschichte gehört. Dann habe ich mich darüber mit meinem Vater ausgetauscht und er wies mich darauf hin, dass diese Geschichte auch im Koran steht. Ich glaube, viele Menschen wissen nicht, dass es so viele Gemeinsamkeiten gibt.

Mit dieser Mischung aus zwei Religionen und Kulturen lebe ich in zwei Welten. Wenn mein Papa Ramadan feiert, bin ich auch eingeladen. Dann wiederum bin ich in der jüdischen Gemeinde an Rosch haSchana und dippe einen Apfel in Honig. Ich finde es schön und ich bin auch sehr froh, dass ich das erlebe. Ich glaube, Frieden kann wachsen, wenn man sich mischt und andere Kulturen kennenlernt, offen ist und keine Vorurteile hat.

Welche der beiden Kulturen hat dich stärker geprägt – die jüdische oder die arabische?

Mein Vater hat mich mal in eine arabische Samstagsschule geschickt, aber es hat mir als Kind nicht gefallen. Vielleicht, weil ich die Sprache nicht spreche. Zu meinen Großeltern mütterlicherseits habe ich einen sehr guten Kontakt. Ich habe quasi bei ihnen gelebt. Ich kann mir kein Leben ohne sie vorstellen. Sie haben mir Russisch beigebracht. Darum fühle ich mich meinen Großeltern und auch dem Judentum stärker verbunden. Zu den Eltern meines Vaters habe ich keinen Kontakt, da sie im Ausland leben. Aber trotzdem diskutiere ich mit meinem Vater über Sachen, die im Koran stehen und wir vergleichen das dann miteinander.

Was motiviert dich, sozial engagiert zu sein?

Ich wollte schon immer mit Menschen arbeiten. Seit September dieses Jahres studiere ich Gesundheitspsychologie und Medizinpädagogik.

Während meines Gap Years mit JAcademy habe ich auch mit arabischen Kindern gearbeitet. Damals haben wir eine Kippa rumgegeben und eins der Kinder hat sie einfach angezogen. Ich fand das so schön. Der Sohn eines Imams, er war noch ein Kind, fragte mich einmal: „Warum entscheidest du dich nicht für den Islam?" Da habe ich gesagt: „Ich fühle mich einfach stärker mit dem Judentum verbunden." Er hat es verstanden.

Wenn du auf Deutschland schaust, wie empfindest du das Miteinander zwischen Juden und Muslimen hier in Deutschland?

Das Miteinander ist nicht ganz einfach, aber ich will das nicht verallgemeinern. Es gibt immer gute und schlechte Menschen. Das ist entscheidend. In der Schule hatte ich viele türkischstämmige Kinder in meiner Klasse. Einmal habe ich gehört, dass einer von ihnen meinte, er habe mitbekommen, dass ein Jude den Koran verbrannt hat. Dazu konnte ich nichts sagen. Ich war es ja nicht. Ich habe vielmehr das Gefühl, dass da nicht Hass ist, sondern eine sehr negative Einstellung gegenüber Juden herrscht. Vielleicht war es auch mein Fehler, dass ich nichts dazu gesagt habe, aber für mich war das sehr unangenehm.

Ich denke, dass wir durch gemeinsame Treffen und gegenseitigen Austausch das Verhältnis zwischen Juden und Muslimen in Deutschland verbessern können. Ich habe super Freunde, die muslimisch sind. Man redet, tauscht sich aus und informiert einander – wenn man aneinander interessiert ist. Wenn nicht, kann man ja trotzdem befreundet sein. Kommunizieren ist das wichtigste.

Was bedeutet Zugehörigkeit für dich? Siehst du dich als Deutsche?

Ich fühle mich der Ukraine eher zugehörig als dem Irak, zum Beispiel, weil ich ukrainische Speisen bei meiner Oma esse. Ich will, dass meine Kinder Russisch sprechen – auch wenn ich es nicht so gut kann. Mein Mann muss nicht Russisch können, aber es wäre natürlich von Vorteil. Ich fühle mich sehr verbunden mit dem Land. Obwohl ich nur einmal in der Ukraine war, habe ich etwas gespürt. Ich verstehe die Sprache, ich finde sie schön, ich finde die Menschen herzlich. Aber ich fühle mich auch sehr, sehr deutsch auf jeden Fall. Ich bin hier geboren und aufgewachsen. Ich denke und träume auf Deutsch. Die Frage „Bist du deutsche Jüdin oder jüdische Deutsche?" kann

Klara engagiert sich als Betreuerin in jüdischen Freizeiteinrichtungen.

ich, ehrlich gesagt, nicht beantworten. Für mich ist Jüdisch-Sein nicht nur eine Religion, aber auch keine Nationalität. In der Sowjetunion war das eine Nationalität. In den Personalausweisen stand jüdisch und dadurch haben viele keine Jobs gefunden.

Leider kann ich zum Irak nichts sagen, weil ich nie dort war und die Sprache nicht spreche – was ich auch sehr schade finde. Ich habe überlegt, jetzt mit Arabisch anzufangen, um diesen Teil von mir auch besser kennenzulernen.

Wo siehst du dich in zehn Jahren?

Ich wünsche mir, mit Menschen zu arbeiten. Ich habe auch überlegt, mal ins Ausland zu gehen und dort längere Zeit zu arbeiten. Ich muss schauen, ob das auch mit einer Familie machbar ist. Ich sehe mich als einen glücklichen Menschen. Ob ich in zehn Jahren schon Kinder haben werde, weiß ich jetzt noch nicht. Ich bin jetzt glücklich und ich hoffe, dass es in zehn Jahren immer noch so ist.

BEYZA GENC:

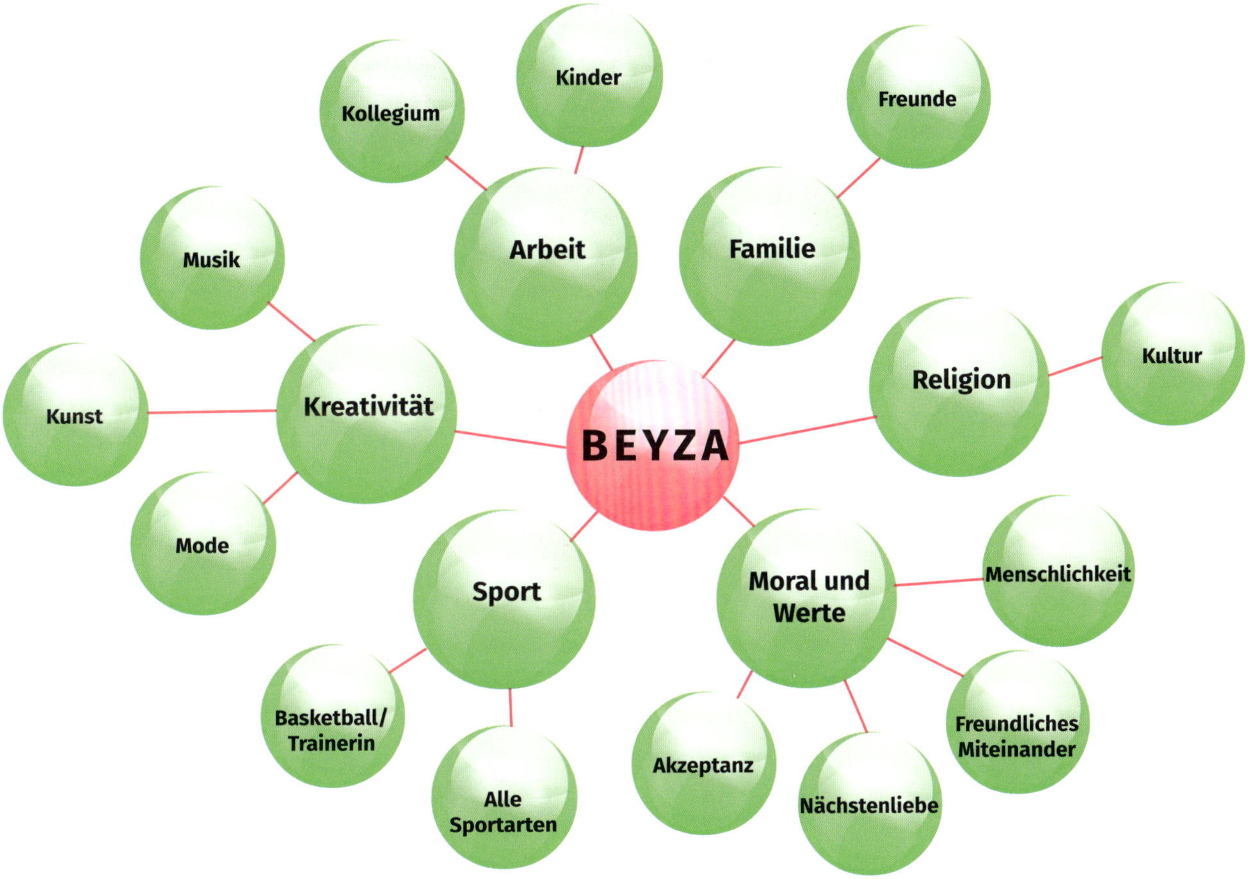

Könntest du was zu deinem Hintergrund erzählen?

Ich heiße Beyza und bin 22 Jahre alt. Ich bin in Deutschland, genau genommen in Berlin-Neukölln, geboren. Ich bin eine kurze Zeit in Berlin-Kreuzberg aufgewachsen und mit sechs Jahren nach Berlin-Tempelhof gezogen. Dort habe ich meine Schulzeit verbracht. Abitur habe ich dann an einer Schule in Berlin-Charlottenburg gemacht. Jetzt arbeite ich als Erzieherin in Neukölln. Bei Berlin Tiger habe ich ca. fünf Jahre lang als Basketball-Trainerin ehrenamtlich gearbeitet und Kindern nicht nur das Spielen, sondern auch das Sozialverhalten beigebracht. Ich selber habe mit elf Jahren angefangen Basketball zu spielen, heute spiele ich bei BG Zehlendorf in der ersten Regionalliga.

Ich habe türkische Wurzeln. Wir sind eine Großfamilie. Man hat nie Langeweile, es ist immer was los und wir sind füreinander da, wenn es darauf ankommt.

Wie hast du deine Schulzeit in Berlin erlebt?

Gewohnt war ich es auf Schulen zu sein, wo viele Kulturen aufeinander treffen. In meiner Abiturzeit in Berlin-Charlottenburg war ich allerdings die Einzige, die eine andere Kultur mitgebracht hat außer der deutschen. Man merkt den Unterschied zwischen den verschiedenen Schulen, den merkt man wirklich krass. Zum Beispiel fiel es mir schwer, mich richtig zu artikulieren, weil ich immer einen persönlichen Druck gespürt habe: „Okay, jetzt hören sie mir zu, wie formuliere ich das am besten, so dass es noch schlau und nicht dumm klingt." Dieser Druck hat sich dann auch auf meine Noten negativ ausgewirkt.

Welche Rolle spielt Religion und Glaube in deinem Leben?

Während der Abiturzeit habe ich eine Leere in mir gespürt. Durch den ganzen Stress und Zeitdruck habe ich das Praktizieren meines Glaubens vernachlässigt. Einmal musste ich sogar weinen, habe zu Gott gebetet und gesagt: „Bitte, lass mich so nah wie möglich bei Dir sein und führe mich auf den richtigen Weg." Mit meiner Schwester habe ich an einer Pilgerreise nach Mekka teilgenommen. Als ich vor der Kaaba in Mekka stand, dachte ich: „Krass... vor drei Monaten habe ich zu Dir gebetet und jetzt hast Du mich bis zu dir nach Hause gebracht." Das war ein Gänsehautmoment. Seitdem bete ich fünfmal am Tag und spüre eine starke Dankbarkeit für jede positive Kleinigkeit. Die Gebetszeiten versuche ich trotz Training und Beruf einzuhalten. Auch wenn ich mit Freunden unterwegs bin, die nicht muslimisch sind, nehmen sie Rücksicht darauf und helfen mir, einen Ort zum Beten zu organisieren.

In deinem Identitätsmolekül steht Kreativität. Welche Rolle spielt Kreativität in deinem Leben?

Kreativität ist für mich in vieler Hinsicht wichtig, zum Beispiel, aus einer patschigen Situation etwas Gutes zu kreieren. Diese kreative Intelligenz ist wichtig, denn das spontane Handeln macht das Leben auch aus. Ich mag es, verschiedene Kleidungsstyle auszuprobieren, damit äußere ich auch, wie ich mich gerade fühle. Mit dem Malen beschäftige ich mich schon von klein auf. Dabei kann man gut abschalten und seine Emotionen

Beyza über ihr Bild: Egal wie verzweifelt man ist, man soll die Dinge aus einer anderen Sicht betrachten, neue Wege finden und nie aufgeben (Never Give Up).

auf der Leinwand zum Ausdruck bringen. Ich mag auch Musik. Ich habe in letzter Zeit das Bauen von Beats, das Singen und Texteschreiben für mich entdeckt. In den Sommerferien war ich dann die ganze Zeit damit beschäftigt, wie ich welchen Beat mache und welche Texte ich schreibe. Ich schreibe meistens über Themen, die mich beschäftigen, z.B. Lebenssituationen, was mich nervt, wie die Welt gerade tickt und wie die Menschen gerade drauf sind. Das ist eine Art Therapie und Verarbeitung meiner Emotionen.

Wie erlebst du das Zusammenleben zwischen Juden und Muslimen in Deutschland?

Ich denke, beide Religionen sind sich wirklich ähnlich in vielerlei Hinsicht. Beide sprechen von Nächstenliebe und Akzeptanz anderer Religionen und dass man friedlich miteinander leben muss. Ich denke, gläubige Juden oder gläubige Muslime können gut miteinander umgehen. Auf Instagram habe ich gesehen, dass ein Jude einen Gebetsplatz gesucht hat. Dann ist er in eine Moschee gegangen. Juden und Muslime waren dort zusammen, haben nebeneinander und miteinander gebetet. Das hat mich berührt. Ich mag es, wenn Menschen miteinander gut umgehen, obwohl sie nicht der gleichen Religion oder Kultur angehören. Was auch selbstverständlich sein sollte, jedoch leider nicht für jeden selbstverständlich ist.

Was hat dich bewogen, bei unserer „Schalom Aleikum"-Veranstaltung „Let's Work It Out – Jüdisch-muslimischer Dialog über Sport" mitzumachen?

Meine Beweggründe daran teilzunehmen, waren, den Leuten zu zeigen, dass Juden und Muslime miteinander gut umgehen können und trotz Verschiedenheiten doch gleich sind. Das war mein Gedanke! Die beiden Religionen haben wirklich viele Punkte, wo sie sich ähneln. Juden und Muslime können friedlich miteinander reden, miteinander als Team arbeiten und den Leuten, die anders denken, beweisen, dass es funktioniert. Wir sind gemeinsam stark und können gemeinsam Gutes bewirken.

Ist Sport ein Medium, um interkulturellen Dialog herzustellen? Wie erlebst du das in der Praxis?

Ich spiele oft Basketball mit Freunden draußen auf irgendwelchen Spots[1]. Dort sind auch mal Leute, die kein Deutsch können und Englisch sprechen. Das ist aber auch egal, weil wir miteinander spielen. Wir spielen drei gegen drei. Dabei ist es mir egal, ob da vorne ein Junge oder ein Mädchen steht, oder einer aus diesem Land, einer aus jener Religion. Es ist wie eine interkulturelle Sprache. Jeder versteht, wie man was machen muss, wie man laufen muss. Basketball ist eine Sprache für sich. Ich finde, dass Sport die perfekte Brücke ist, um Vorurteile loszuwerden und neue Freundschaften zu knüpfen.

Sowohl als Erzieherin als auch als Trainerin hast Du eine Vorbildfunktion. An welchen Stellen merkst du diese Vorbildfunktion?

Man sucht sich dieses Vorbildsein nicht aus. Du erfüllst automatisch eine Vorbildfunktion, auch wenn du das gar nicht möchtest. Kinder gucken

1 Spot (engl.) Platz

sich gerne etwas von einem ab, wenn sie einen mögen. Ich muss natürlich darauf achten, wie ich mich gebe, zum Beispiel auf Ausflügen. Sei es die Tür aufhalten, einer alten Dame helfen, Platz machen, damit sich jemand anderes hinsetzen kann. Natürlich mache ich das auch so, aber, wenn ich mit den Kindern bin, achte ich intensiver darauf. Damit die Kinder sehen: „Ah, Beyza macht das, dann machen wir das auch."

Du hast in deinem Molekül das Wort „Akzeptanz" unterstrichen. Warum ist dir das so wichtig?

Wenn ich einen fremden Menschen kennenlerne, kommt es mir darauf an, dass er mit bestimmten Normen und Werten durch die Welt geht. Das ist mir wichtiger als das, was er ist oder was er für eine Nationalität oder Religion hat. Ich achte vielmehr darauf, wie sein Mindset[2] ist und wie er oder sie drauf ist. Ich wünsche mir Offenheit und auch Akzeptanz in vielerlei Hinsicht, sei es Akzeptanz gegenüber Religion, Hautfarbe oder Gender. Jeder soll das machen, worauf er Lust hat, solange er keinem was antut oder irgendjemand anderes darunter leiden muss. Meine Vorstellung für die Kinder ist, dass sie stark werden. Und wenn sie an etwas glauben, sollen sie fest dranbleiben und sich von niemanden unterkriegen lassen, weil andere vielleicht anders denken. Ich frage mich oft, wie ich es schaffen kann, dass Kinder offener durch die Welt gehen und nicht nur eine Sicht auf die Dinge haben. Ich denke, am besten kann man Kindern etwas beibringen, wenn man ihnen das soziale Verhalten vorlebt und nicht nur darüber redet. Dieses Gefühl, hier wirklich viel zu bewirken, ist die schönste Art von Arbeit, die ich haben kann. Und dafür bin ich überaus dankbar.

Wo siehst du dich in 10 Jahren?

Als Präsidentin des Sports. Nein! Ich bin halt sehr spontan und würde gerne irgendwie alles machen. Ich weiß es wirklich nicht genau. Ich kann gar nicht so weit in die Zukunft gucken. Was ich mir wünschen würde, dass ich vielleicht dann mit der Familiengründung anfange. Beruflich bin ich relativ offen und flexibel. Es ist mir wichtig, dass ich immer noch das mache, was mir Spaß macht und wo ich mit Herz und Seele dabei bin. Es ist mir ebenso wichtig, etwas zu machen, wo ich etwas bewirken kann und am Ende des Tages mit einem guten Gefühl nach Hause gehe und mir denke „das war kein verschwendeter Tag, ich habe etwas Gutes mit meiner Arbeit bewirkt".

2 Mindset (engl.) Denkweise

AARON EDELMANN:

Könntest Du dich kurz vorstellen?

Mein Name ist Aaron Edelmann und ich bin 20 Jahre alt, auch wenn man es mir nicht zutrauen mag, mit meinem Bart. Ich bin in Wiesbaden geboren, aber eigentlich habe ich mein ganzes Leben in Frankfurt gewohnt. Vor zwei Jahren habe ich die Schule mit Abitur abgeschlossen. Momentan mache ich eine Ausbildung als Informatiker bei der DZ Bank. Sport ist und bleibt das Hauptthema in meinem Leben. Danach kommt wahrscheinlich das Judentum. Ich bin sehr religiös aufgewachsen – religiös bedeutet für mich gläubig sein. Ich denke, dass man religiös sein oft mit dem Wort „orthodox" verwechselt.

Kannst du uns etwas zu deiner Familie erzählen?

Ich bin der Jüngste von vier Kindern. Ich finde es toll, Geschwister zu haben. Mit meinem Bruder habe ich früher viel an Computern gebastelt – so kam ich auch auf Informatik. Er hat mir immer viel geholfen, einfach durch Erfahrungen, die er schon gesammelt hatte.

Zu meiner Herkunft: Wie jeder Jude wahrscheinlich, habe ich Familie auf der ganzen Welt. Meine Mutter kommt aus Moldawien, mein Vater ist in Wiesbaden geboren. Meine Mutter ist Sozialarbeiterin und mein Vater ist Musiker und auch Kantor im Egalitären Minjan[1], hier in Frankfurt. Als Sohn des Kantors war ich irgendwie immer dabei, übernehme auch Parts im Gottesdienst. Auch deswegen spielt das Judentum bei mir eine große Rolle.

Was bedeutet es für dich, jüdisch zu sein?

Jüdisch sein bedeutet für mich, sich mit dem Judentum zu befassen. Jüdisch sein bedeutet natürlich auch Einschränkungen, wie kein Schweinefleisch zu essen. Das befolge ich auch. Ich esse milchig und fleischig nicht zusammen. Ansonsten bin ich an den hohen Feiertagen immer in der Synagoge. Das Judentum ist eine richtige Gemeinschaft. Egal, wo man auf der Welt lebt oder zu Besuch ist.

Trägst du religiöse Symbole den Davidstern oder die Kippa in der Öffentlichkeit?

Einen Davidstern als Halskette habe ich eine lange Zeit getragen. Nicht unbedingt, weil ich allen zeigen wollte „Hey, ich bin Jude", sondern es hat mir gefallen und ich habe kein Problem damit, meine Jüdischkeit zu zeigen. Eine Kippa trage ich in der Öffentlichkeit nicht, aber hauptsächlich aus Bequemlichkeitsgründen, weil sie schnell abfällt. Mein Vater trägt von morgens bis abends die Kippa, egal wo er ist. Er hat aber auch keine Haare, d.h. es hält besser. Ansonsten bin ich Trainer bei Makkabi Frankfurt[2]. Makkabi hat den Davidstern als Symbol und damit laufe ich oft herum.

Wie bist du zum Sport gekommen?

Zum Basketball bin ich mit sechs oder sieben Jahren über meine Mutter gekommen – sie hat es früher gespielt. Ich habe zehn Jahre lang gespielt, relativ lange und erfolgreich. Ich konnte sogar an einer Makkabia[3] teilnehmen. Das war ein super Erlebnis. Wir haben gegen Basketballteams aus der Türkei, Argentinien und auch USA und Israel gespielt. Das war natürlich spannend mitzuerleben. Später habe ich die Sportart gewechselt, nämlich zum American Football.

Zum Football bin ich bei einer Machane[4] in den USA über die ZWST[5] gekommen. Ich spiele hier in Frankfurt und bin bereits in der GFL, der German Football League, das ist die

1 „Egalitär" bedeutet, dass Männer und Frauen gleichberechtigt gezählt werden. Minjan ist eine Synagogengemeinschaft, bestehend aus mindestens 10 Personen: 10 Männer in der traditionellen Fassung, 10 Männer und Frauen in der liberalen. Egalitärer Minjan ist ein Bestandteil der Jüdischen Gemeinde Frankfurt a.M.

2 Makkabi Deutschland ist ein Jüdischer Turn- und Sportverband in der Bundesrepublik Deutschland. Makkabi Deutschland ist Mitglied beim internationalen Dachverband Maccabi World Union.

3 Die Makkabiade, auch Makkabia genannt, ist die größte internationale jüdische Sportveranstaltung.

4 Ferienfreizeitcamp

5 Zentralwohlfahrtsstelle der Juden in Deutschland

erste Bundesliga. Mir gefallen Teamsportarten besser, als Einzelsportarten, denn Teamgefühl empfinde ich als etwas Positives.

Hast du das Gefühl, dass durch mehr Teamsport ein besseres Gemeinschaftsgefühl in Deutschland entstehen könnte?

Auf jeden Fall! Aber da gibt es auch wieder andere Probleme. Zum Beispiel gab es im Fußball die Situation, dass ein Hakenkreuz auf das Feld gezeichnet wurde oder dass es zu rassistischen Kommentaren von Spielern kam. Aber ich denke schon, dass Sport den Menschen helfen kann, zueinander zu finden und offener zu sein.

Was bedeutet es für dich, deutsch und jüdisch zu sein?

Ich hatte mit meiner Zugehörigkeit eigentlich nie Probleme. Ich fand es nie wirklich wichtig. Die eigenen Wurzeln sind spannend und interessant. Wenn ich jemanden frage oder gefragt werde „Wo kommst du her?", dann verstehe ich darunter das Geburtsland. Deswegen sehe ich mich als Deutscher, selbst wenn ich es nicht unbedingt mag. Ich bin bei bei der Eröffnungsfeier der Makkabia 2015 in Berlin mit Deutschland-Flagge in die Waldbühne einmarschiert. Es fühlte sich komisch an, weil die Waldbühne Berlin von den Nationalsozialisten gebaut wurde und ihren Größenwahn darstellte. Deshalb war das irgendwie problematisch für mich. Deutschland ist jetzt nicht mehr rechtsradikal, aber es gibt wachsenden Rechtsextremismus. Das ist ja nicht Deutschland an sich. Das ist mir klar und auch wichtig. Dennoch habe ich mich mit dem Deutschsein noch nicht so richtig angefreundet. Das Deutschsein hat für mich natürlich noch, wie es auch jedem anderen Juden geht, den Nachklang von Schoa. Deswegen habe ich einige Probleme mit der deutschen Identität.

Was wünschst du dir für das gesellschaftliche Zusammenleben in Deutschland?

Da ich öfter in den USA war, kenne ich die amerikanische Gesellschaft und sie ist mir ein bisschen lieber als die deutsche. Die Offenheit in den USA finde ich sehr, sehr positiv. Auch die Bereitschaft, etwas für einen anderen zu tun, ist in den USA viel höher, als hier in Deutschland. Ich würde mir wünschen, dass man mehr Wert auf einen netteren Umgang legt und sich nicht so abschottet. Aber natürlich ist die politische Situation dort momentan schwierig.

Wie bist du zum jüdisch-muslimischen Dialog gekommen?

Der erste Kontakt kam durch die Schule in der sechsten oder siebten Klasse. Wir waren im Dialog mit einer christlichen Mädchenschule. Wir haben zusammen einige Projekte gemacht. Zum Beispiel haben wir den Mädchen erzählt, wie ein Schabbat-Gottesdienst abläuft und ihnen erklärt, was „Kiddusch“[6] bedeutet. Außerdem haben wir über Rassismus gesprochen und was wir unter Demokratie verstehen. Daraus ist der Trialog mit muslimischen Schülern aus einer anderen Frankfurter Schule entstanden.

Wie nimmst du das gesellschaftliche Zusammenleben zwischen Juden und Muslimen in Deutschland wahr?

Sehr unterschiedlich. Es gibt einige, die denken: „Es ist mir egal, ob du jüdisch bist oder nicht – du bist immer noch ein Mensch, der mich interessiert.“ Dann gibt es Leute, die meinen, „Weil du jüdisch bist, können wir nicht befreundet sein.“ Aber primär denke ich, wenn Muslime oder Juden die Religion nicht unbedingt in den Vordergrund stellen und zur Bedingung machen, dann gibt es keine Probleme mit Freundschaften oder Begegnungen.

In Frankfurt-Höchst auf der Schule waren auch einige Muslime. Ich würde sagen, dass ich mit einigen gute Freunde wurde. Denn ich glaube, wenn man sich näher kennt, kann man sich nicht mehr hassen. Das ist nur eine Theorie, finde ich aber auch nachvollziehbar. Wenn ich jemanden nicht kenne, ist es leicht für mich, Schlüsse zu ziehen, die vielleicht gar nicht stimmen. Aber wenn ich ihn wirklich kennenlerne, mit ihm spreche, seine Kultur oder Lebensweise kennenlerne, dann ist es auch um einiges leichter, befreundet zu sein oder jemanden zu mögen.

Wo siehst du dich in zehn Jahren?

Idealerweise würde ich mich in zehn Jahren in einem festen Beruf sehen, als Fachinformatiker, entweder noch in der DZ-Bank oder woanders. Am liebsten wäre ich in den USA, in Philadelphia, wo auch mein Großvater lebt. Es gefällt mir dort sehr gut, auch die jüdische Community finde ich da sehr attraktiv. Es würde mir sehr gefallen, dort zu wohnen und zu arbeiten, vielleicht auch schon Kinder zu haben. Denen würde ich dann Sport näherbringen.

6 Kiddusch (hebräisch) Segensspruch

Aaron Edelmann im American Football-Trikot seines Frankfurter Vereins.
Foto: Chris Haas

SEBA NAZARY:

Seba, erzähl uns etwas zu deiner Person.

Ich bin Seba, der Name kommt aus dem Persischen. Ich bin 22 Jahre alt und in Berlin-Kreuzberg geboren und aufgewachsen. An der Hochschule für Technik und Wirtschaft studiere ich Wirtschaftsingenieurwesen. Ich bin die Jüngste von insgesamt fünf Kindern. Meine Eltern kommen ursprünglich aus Afghanistan. Ich persönlich würde mich als deutsch-afghanisch bezeichnen. Meine Eltern sind vor über 35 Jahren aus Afghanistan in den Iran geflüchtet. Im Iran werden Afghanen meistens nicht sehr gut behandelt. Meine beiden älteren Brüder sind da geboren und durften dort nicht zur Schule gehen, weil sie Afghanen sind. Meiner Mutter ist Bildung jedoch extrem wichtig. Deshalb sind sie dann nach Deutschland geflohen. Ich bin hier dreisprachig aufgewachsen und spreche Dari, die Landessprache Afghanistans, Deutsch und Hindi.

Wie waren deine Kindheit und Jugend?

Ich bin mit sehr vielen türkischen und arabischen Mitschülern aufgewachsen, deutsche Mitschüler gab es fast gar nicht. Mein Aussehen war damals stark durch meine älteren Brüder geprägt. Ich hatte kurze Haare und fühlte mich in Jungs-Kleidung wohler. Es war mir relativ egal, wie ich aussah, und meine Mutter hat mir damals die Wahl gelassen, wie ich mich anziehen möchte. In der Schule habe ich mich mit den Jungs besser verstanden und wurde von den Mädels daraufhin beleidigt: „Du bist kein Moslem, du bist Jüdin." „Du als Moslem, warum chillst du nur mit Jungs?" Ich habe das damals nicht verstanden. „Okay, dann bin ich halt Jüdin. Was ist daran falsch? Das ist auch eine Religion!" Daraufhin bin ich zu meiner Mama gegangen und sie meinte dazu: „Seba, du kannst sein, was du möchtest. Du bist trotzdem ein Mensch." Meine Mutter hat mich bestärkt, selbst zu entscheiden. Deshalb sehe ich es so, dass Frauenpower in unserer Familie immer etwas ganz Großes war. Ohne meine Schwester und meine Mutter wäre ich nicht diese starke Person, die ich heute bin.

Berlin-Kreuzberg muss ich auch ganz groß ins Identitätsmolekül schreiben. Wäre ich nicht hier aufgewachsen, Gott weiß, was für eine Person ich wäre. Kreuzberg steht für mich für Brüderlichkeit und Familie. Ich liebe Kreuzberg und auch dieses ganze Multi-Kulti hier. Diversität ist mir extrem wichtig. Die meisten Döner-Männer sprechen mit mir nicht Deutsch, sondern Türkisch. Ich habe dadurch Türkisch auch noch automatisch gelernt. Ich spreche heute acht Sprachen, und ich weiß, dass Kreuzberg der Grund ist, warum ich das kann. Neben Deutsch, Englisch, Dari und Hindi kann ich mich auf Türkisch, Französisch, Italienisch und Spanisch verständigen.

Spielt der Islam eine Rolle in deinem Leben?

Mein Vater hat sich sehr stark mit dem Islam auseinandergesetzt und uns das beigebracht. Auch über meine älteren Geschwister habe ich viel vom Islam mitbekommen. Mein Vater stammt aus der ethnischen Gruppe der Hazaras aus Afghanistan und meine Mutter ist Pashtunin. Das sind zwei verfeindete Ethnien in Afghanistan. Pashtunen sind Sunniten, Hazaras sind Schiiten. Deshalb weiß ich nicht genau, was ich bin und mir ist es auch egal. Ich bin Muslima. Den Koran sehe ich dabei eher als Richtlinie für mein Handeln.

Was bedeutet es für dich, Deutsch-Afghanin zu sein?

Ich liebe Deutschland, besonders wichtig ist mir die kulturelle Diversität und Freiheit hier. Aber ich liebe auch Afghanistan. Ich war bisher zwei Mal in Afghanistan. Das war eine Reise, die mich sehr geprägt hat. Zum

Seba liebt es zu reisen wie zum Beispiel hier nach Island.

ersten Mal war ich dort mit neun Jahren. Ich habe viele Sachen gesehen, die man nicht sehen sollte, zum Beispiel Leichen auf dem Boden oder erhängte Menschen auf der Straße. Bei der letzten Reise trafen wir einmal an einem Wasserfall neben einer Höhle ein Mädchen. Sie hat uns frisches Brot gebacken. Dann hat sie sich zu uns gesetzt, mit uns gequatscht und für uns gesungen. Wo erlebt man so etwas, dass aus irgendeiner Höhle ein Mädchen herauskommt und all das für fremde Menschen macht? Ich liebe die afghanische Kultur. Ich liebe diese ganzen Tänze, die Hochzeiten, das Essen. Oh mein Gott, das Essen!

Du hast von Frauenpower erzählt, was meinst du damit?

Meine Mama hatte Pech, dass sie nicht in die Schule gehen durfte damals in Afghanistan. Nur die Jungs durften zur Schule gehen. Meine Mutter ist Analphabetin und musste sich alles selbst beibringen. Jetzt arbeitet sie als selbstständige Schneiderin in Berlin-Kreuzberg und hat fünf Kinder großgezogen. Das bedeutet für mich Frauenpower! Sie sagt immer zu mir: „Nutze das, was du hier in Deutschland hast. Wir hatten das nicht, Seba. Geh zur Schule, mach was aus deinem Leben! Du hast so viele Möglichkeiten. Du hast das Glück, nicht in Afghanistan zu sein, wo du kein Dach über dem Kopf hättest. Wir haben das alles hier für dich geschaffen." Deshalb ist es mir extrem wichtig, dass ich etwas aus meinem Leben machen kann.

Kannst du mehr über dein soziales Engagement erzählen?

Nach meiner Afghanistanreise habe ich das Friedensdorf kennengelernt. Das ist ein Ort in Oberhausen. Dort sind Kinder aus Kriegsländern, wie Afghanistan oder Angola, die nicht die nötige medizinische Behandlung in ihren Heimatländern erhalten können. Das war ein Ort, der mich wieder auf den Boden gebracht hat und mir gesagt hat: „Schau mal, was die Kinder durchmachen müssen, und du lebst hier im sicheren Deutschland." Ich habe mich dazu verpflichtet gefühlt, ihnen physisch und psychisch zu helfen, denn manche von ihnen sind auf den Rollstuhl angewiesen. Ich spiele und male mit ihnen und freue mich sehr, wenn es mir gelingt, ihnen ein Lächeln ins Gesicht zu zaubern. Dann habe ich als kinderpsychologische Betreuerin bei Save the Children[1] gearbeitet. Letztes Jahr habe ich in China an einem Projekt der UN „Unleash" teilgenommen. Wir sollten Lösungen für die nachhaltigen Ziele der UN finden, die sie bis 2030 erreichen möchten. Ich war in der Abteilung für Bildung. Wir haben für Schulkinder aus Pakistan Kleidung entwickelt, die kühlend für die Haut ist. Mein Team hat sogar gewonnen. In Pakistan können die meisten Kinder nicht lernen, weil es in den Schulen viel zu heiß ist.

Wie verbringst du gerne deine Freizeit?

Ich liebe es zu reisen. Nach dem Abitur hatte ich eine schwere Krankheit. Ich bin dankbar, überhaupt hier am Leben zu sein, gesund zu sein, laufen zu können, sehen zu können, schreiben zu können, lesen zu können. Seitdem denke ich immer, warum soll ich hier herumsitzen und warten, ich packe einfach meine Tasche und mache mich auf den Weg. Die Welt ist so groß. Es gibt so viele Sachen, die ich noch kennenlernen möchte, dazu gehören auch noch weitere fremde Speisen, andere Religionen und Kulturen. Es ist für mich eine Art Therapie, zu reisen und meine Träume zu erfüllen. Meine Nummer Eins ist und bleibt Afghanistan.

1 Save the Children ist eine internationale Nichtregierungsorganisation, die sich für die Rechte und den Schutz von Kindern weltweit einsetzt.

Wie ist dein Blick auf das gesellschaftliche Miteinander von Juden und Muslimen in Deutschland?

Einerseits habe ich in meiner Kindheit erlebt, dass jüdisch sein als etwas Negatives angesehen und die Botschaft vermittelt wurde, dass Juden keine Menschen sind, mit denen man etwas zu tun haben möchte. Mit zunehmendem Alter habe ich aber gemerkt, dass wir doch alle Menschen sind und miteinander auskommen sollten. Nach meinem Empfinden werden Weltanschauungen zu jüdischem und muslimischem Leben von den Eltern an die Kinder weitergegeben. Wir sollten Kindern beibringen, dass wir froh sein können, diese Diversität zu haben. Wenn du keine Ahnung von einem bestimmen Thema hast, dann informiere dich darüber oder frag doch einen einen Juden oder Buddhisten: „Was steckt hinter deiner Religion? Was sind deine Ansichten?" Eben das habe ich gemacht als ich älter wurde. Meine erste Unterhaltung mit einem Juden war sehr interessant für mich. Ich fand das toll, wie er sich als Jude wahrnimmt. Er hat dann auch gefragt, woher ich komme, bzw. mit welcher Religion ich mich befasse. Ich war froh darüber, weil das bisher noch kein Jude oder keine Jüdin mich gefragt hat.

Wie ist dein Blick auf das gesellschaftliche Zusammenleben in Deutschland allgemein?

Außerhalb Berlins ist es mit der Akzeptanz von Ausländern schwieriger. Ich bin froh, dass ich hier sicher bin, dass ich hier lebe, dass ich hier aufwachsen kann, dass ich hier die Bildung genießen darf. Das ist ein Privileg, und das sollte uns allen bewusst sein. Gleichzeitig finde ich es wichtig, dass es Programme wie „Schalom Aleikum" gibt. Es sollte mehr Programme geben, wo sich nicht nur Schülerinnen und Schüler mit Migrationshintergrund austauschen, sondern auch alle anderen.

Wo siehst du dich selbst in zehn Jahren?

Als ich zehn war, habe ich gesagt: „Ich werde Präsidentin von Afghanistan." Es ist tatsächlich immer noch so, dass ich dort gern Präsidentin wäre, damit ich den Frauen dort helfen kann. Inschallah[2] wird das auch so sein, dass ich später mal eine höhere Position als Frau in einem großen Unternehmen haben werde, wo ich mich nicht nur im Bereich Innovation und Technik verwirklichen kann, sondern auch jungen Menschen etwas beibringen kann. Damit mache ich auch meine Mama stolz und das ist mir wichtig. Inschallah!

2 Inschallah (arab.) bedeutet „so Gott will"

-148-
FR.SALUS

DANIEL WASNER:

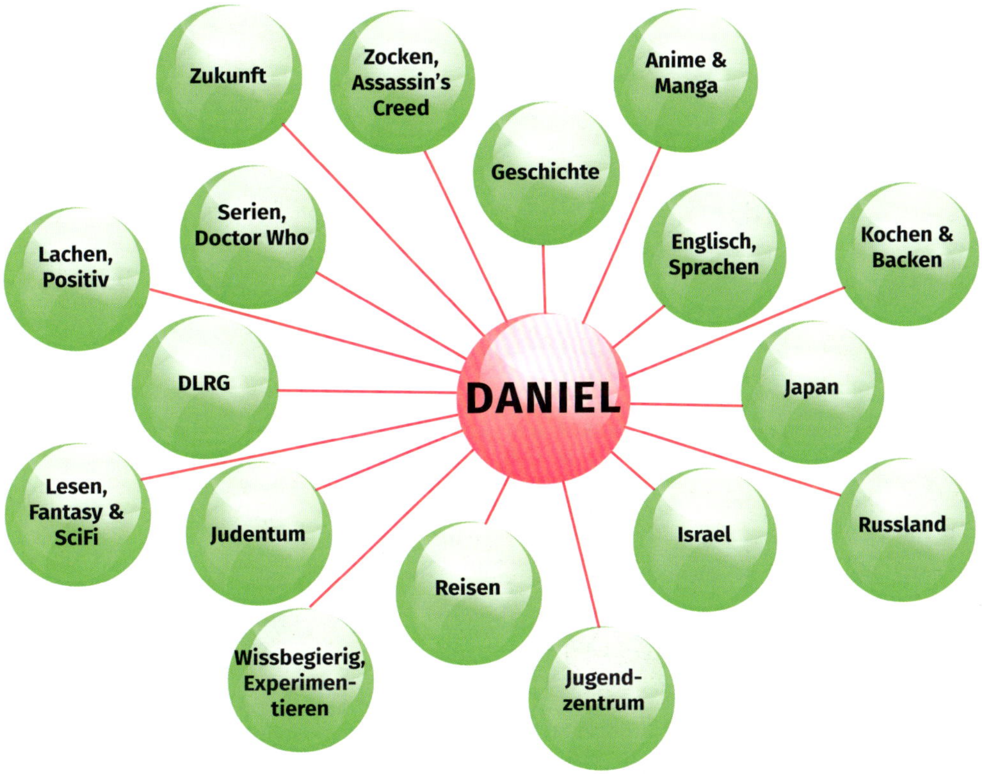

Daniel, kannst du ein paar Worte zu dir sagen?

Ich bin Daniel Wasner, 18 Jahre alt, lebe in Wiesbaden und mache dieses Jahr mein Abitur. In der jüdischen Gemeinde in Wiesbaden bin ich als Jugendzentrumsleiter, als sogenannter Rosch[1] tätig. Nebenbei arbeite ich als Aushilfe in einem Kunstfachgeschäft und bin in meinem Rettungsschwimmverein, dem DLRG[2], mittlerweile als Trainer aktiv.

Im Jugendzentrum der jüdischen Gemeinde bin ich schon seit mittlerweile fast vierzehn Jahren aktiv. Ich habe als normaler Chanich[3], also als Kind, angefangen und mich dann mit 13 Jahren als Madrich[4] beworben. Meine jüdischen Eltern kommen beide aus Russland, aus St. Petersburg. Bisher habe ich St. Petersburg nur einige Male besucht. Russisch ist meine Muttersprache. Ich spreche auch Deutsch und Englisch fließend. In meinen Augen ist St. Petersburg wie eine zweite Heimat für mich, weil ich dort sehr viele Verwandte habe. Es ist eine wunderschöne Stadt mit sehr vielen kulturellen Hotspots.

1 Rosch (hebr.) Kopf, hier: Leiter

2 Deutsche Lebens-Rettungs-Gesellschaft e.V.

3 Chanich (hebr.) Lehrling

4 Madrich (hebr.) Betreuer, Gruppenleiter

Was bedeutet es für dich, jüdisch zu sein?

Es bedeutet, einer Jahrtausende alten Kultur anzugehören, dieser jüdischen Gemeinschaft, die so unglaublich faszinierend und einzigartig ist. Das hat Vor- und Nachteile. Vorteilhaft ist, dass egal, wo auf der Welt du bist, du wirst immer jemanden finden, der zu dir gehört. Wir stehen Hand in Hand, egal, wo wir sind.

Auf der anderen Seite gibt es den jahrhundertealten Hass, der uns entgegenspringt und gegen den man sich einfach wehren muss. Deswegen mache ich bei „Schalom Aleikum" mit, um zu zeigen, dass Juden keine mystischen Wesen, sondern einfach Menschen sind. Viele Leute denken, wenn Sie „Jude" hören, an dieses Klischee vom geldgierigen Juden mit der langen krummen Nase. Ich versuche, auf ganz niedrigschwelligem Niveau in meiner Schule zu zeigen, dass es nicht so ist. In der 6. Klasse behandeln die Religions- und Ethikkurse das Thema Judentum im Unterricht. Ich erzähle dann zwei, drei Sachen über mich und lasse die Kinder Fragen stellen, die ich dann beantworte. Zum Beispiel fragen sie mich, ob ich denn einen Judenstern trage. Ich erläutere dann, was es damit auf sich hat und erzähle, dass ich einen Davidstern trage.

Praktizierst du das Judentum auch im Alltag?

Im Alltag leider nicht so oft. Wenn ich in der jüdischen Gemeinde als Rosch bin, dann definitiv. Dann bin ich beim Gebet immer volle Kanne mit dabei und bete oder singe am lautesten mit. Ich gehe auch wirklich gerne zu den Feiertagen in die Synagoge, weil es dort unglaublich leckeres Essen gibt. Man sieht all seine Freunde wieder und es ist ein cooles Gefühl, in der Synagoge zu stehen und mit den anderen zu singen.

Ich versuche, auch zu Hause Chanukka zu feiern. Und ich esse kein Schweinefleisch. Daran halte ich mich. Aber mit meiner Familie ist es schwierig, sich koscher zu ernähren, weil sie sich nicht daran halten. Meine Eltern erklären mir immer, dass sie in der Sowjetunion aufgewachsen sind, und es dort kaum Religionsfreiheit gab. Die Leute wussten zwar, dass sie Juden sind, aber anscheinend kannten sie das Judentum nicht wirklich.

Was war deine Motivation, im Jugendzentrum mitzuwirken?

Mir wurde erzählt, dass ich irgendwann mit fünfeinhalb oder sechs Jahren von meinen Eltern in das Jugendzentrum gebracht wurde. Ich war schon immer ein wissbegieriger Mensch und habe dort Freunde gefunden, mit denen ich heute noch befreundet bin. Zu dieser Gruppe dazuzugehören, war faszinierend. Dadurch hat sich dann bei mir mit zwölf, dreizehn der Wunsch entwickelt, in der Jugendarbeit mitzuhelfen. Als Rosch wollte ich dieses Jugendzentrum neu beleben. Es gab recht wenige Kinder dort und ich hatte den Eindruck, dass eine gesamte Generation dabei war, ihre Wurzeln und ihre Herkunft zu verlieren. Das fand ich echt traurig. Mir geht es bei meiner Aufgabe als Rosch darum, den Kindern zu vermitteln, dass dieser Ort ein zweites Zuhause sein kann, wo man immer hingehen kann und mit allen befreundet ist.

Du bist auch Trainer bei der DLRG – kannst du uns dazu mehr erzählen?

Seit 2008 bin ich bei der DLRG aktiv. Die Kinder bereite ich auf die normalen Schwimmabzeichen Bronze, Silber und Gold vor. Außerdem bringe ich ihnen das Schwimmen bei, die richtige Technik, und auch, dass sie keine Angst vor Wasser haben müssen. Mittlerweile habe ich das höchste Abzeichen in Deutschland erreicht, den Rettungsschwimmer in Gold. Es macht unglaublich Spaß. Es gibt diesen Trend, dass Menschen nicht mehr schwimmen lernen, und deshalb ertrinken wieder viele Leute. Ich finde diese Entwicklung sehr schade, denn ich bin ein absoluter Wassermensch.

Du hast zu Beginn erzählt, dass deine Eltern aus Russland kommen. Du bist in Deutschland geboren und aufgewachsen. Wie würdest du dich selbst beschreiben?

Ich würde mich als Jude mit russischem Hintergrund beschreiben, der in Deutschland aufgewachsen ist. Ich bin multikulturell aufgewachsen und habe viele Kulturen kennengelernt, die ich unglaublich faszinierend finde. Ich würde nicht sagen, dass ich nur Russe oder nur Deutscher bin.

Wie siehst du die Zukunft in Deutschland und was bedeutet das für dich persönlich?

Ich bin besorgt, wenn ich an die Zukunft denke. Es ist heute schwer zu sagen, was passieren wird, vor allem mit der Pandemie. Der Klimawandel ist für mich ein Riesenthema. Ich versuche, mich umweltfreundlicher zu ernähren und zu verhalten. Ich wünsche mir für Deutschland die Einhaltung der Klimaziele, mehr Digitalisierung, mehr Interaktion zwischen verschiedenen Gruppen und weniger Hass. Ich bin bereit, für meine politische Meinung einzustehen und sie zu vertreten. Zum Beispiel habe ich bereits zweimal an „Fridays for Future“-Demos teilgenommen. Eine meiner großen Sorgen gilt dem ansteigenden Antisemitismus und dem Fremdenhass im Allgemeinen. Als ich letztes Jahr erfahren habe, was in Halle und auch in Pittsburgh passiert ist, war ich zutiefst erschüttert. Zu jenem Zeitpunkt war ich gerade bei einem jüdischen Seminar und wir alle waren totenstill, als wir von den Attentaten erfuhren, weil wir einfach nicht verstehen konnten, wieso Menschen so etwas tun. Leute hassen andere Leute einfach nur, weil sie eine andere Hautfarbe oder eine andere Religion haben oder einfach nur eine andere Ansicht haben. Nenn mir eine Stelle, meinetwegen in der Bibel, Thora, Koran, wo steht, dass zum Beispiel Homosexualität falsch sei. Dort steht, dass man seinen Nächsten lieben soll. Ich bin der Meinung, dass man offen sein und alle Leute gleichbehandeln und respektieren sollte. So wurde ich erzogen. Es gibt keine „Untermenschen", und es gibt keine „Herrscherrasse". Ich bin immer freundlich zu allen, ganz einfach, weil ich daran glaube, dass die Menschen freundlich sind, wenn man selbst ihnen freundlich begegnet.

Hast du selbst Antisemitismus im Alltag erlebt?

Ja, an meiner Schule hat jemand Hakenkreuze an die Wand gemalt. Ich habe schon versucht, es mit den Lehrern zu besprechen. Ich weiß nicht, ob es an der deutschen Bürokratie liegt, aber es hat sich über einen Monat hingezogen, bis die Hakenkreuze überstrichen wurden. Anscheinend wird das auch nirgendwo gemeldet. In der achten Klasse wurde ich von einem Klassenkameraden aus dem Bus getreten mit den Worten „Drecksjude". Ein anderes Mal hat sich eine Klassenkameradin mitten im Unterricht zu mir umgedreht und hat mich angeschrien, wie könnte ich nur arme Kinder in Palästina umbringen und einfach erschießen. Ich verstehe nicht, warum mich Leute dafür hassen, dass ich Jude bin. Ich meine, es gibt andere Gründe, mich zu hassen, meinetwegen, weil ich jemandem Unrecht getan habe. Aber doch nicht, weil ich Jude bin.

Wir sind ein jüdisch-muslimisches Projekt. Wie könnte der jüdisch-muslimische Dialog in Deutschland gestärkt werden?

Es gibt einen Moslem in meiner Schule, mit dem ich mich immer mal unterhalte. Wir diskutieren zum Bespiel über Traditionen. Wir sehen die Unterschiede, und ich frage nach, wenn mir irgendetwas komisch vorkommt. Der Dialog könnte mit Projekten wie „Meet a Jew"[5] und „Schalom Aleikum" gestärkt werden. Das sollte es in größerem Umfang geben. Die jüdischen Gemeinden in den jeweiligen Städten sollten mit den muslimischen Gemeinden kooperie-

5 Begegnungsprojekt des Zentralrats der Juden in Deutschland

Daniel Wasner als Trainer beim DLRG.

ren, sich treffen und zum Beispiel miteinander essen. Ich finde, bei einem gemeinsamen Essen kann man immer super quatschen.

Wo siehst du dich selbst in zehn Jahren?

In zehn Jahren bin ich 28, hoffentlich schon längst aus dem Studium raus und im Berufsleben drin. Ich weiß definitiv, dass ich in einem sozialen Umfeld arbeiten will. Ich tendiere zu Lehramt in den Fächern Geschichte, Englisch und eventuell Russisch. Gern wäre ich verheiratet und hätte dann schon ein Kind. Hoffentlich stehen wir dann nicht knietief im Wasser, weil der Rhein angestiegen ist und die Polkappen weggeschmolzen sind.

#SeeTheOtherSide

SCHALOM ALEIKUM
Jüdisch-Muslimischer Dialog

Schalom-Aleikum, das jüdisch-muslimische Dialogprojekt.

„Das Dialogprojekt „Schalom Aleikum“ bietet eine große Chance, diese Welt ein bisschen besser zu machen, in dem wir durch Nähe und Verständnis zueinander finden.“

Prof. Dr. med. Meryam Schouler-Ocak
Psychiaterin am St. Hedwig-Krankenhaus in Berlin

„Auch die nicht-jüdischen Spieler von Makkabi sind bei antisemitischen Anfeindungen mitangegriffen. Sie identifizieren sich mit dem Verein.“

Leonard Kaminski,
Politikberater und Betreuer
bei Makkabi Deutschland e.V.

/schalomaleikum

/schalom_aleikum

schalom-aleikum.de